STERNSTUNDEN DES SPORTS

Sternstunden des Sports

Champions League

Tom Bender und Ulrich Kühne-Hellmessen (Hrsg.)

Gastautor: Franz Beckenbauer

Mit Beiträgen von Matthias Brügelmann, Andreas Hoffmann, Babak Milani, Christian Ortlepp, Kim Thomas

Fotos von dpa Sportreport und Pressebilderdienst Horstmüller

Sportverlag Berlin

Titelkonzeption: B & K pro media, Hamburg
Redaktionelle Mitarbeit: Freia Beisser, Michael Horn, Katharina Kreke
Lektorat und Bildredaktion: Harro Schweizer, Berlin
Umschlaggestaltung: Volkmar Schwengle, Buch und Werbung, Berlin unter Verwendung eines Fotos von dpa Sportreport
Zusatzfotos: Ullstein Bilderdienst
Sponsoring: DMC Sport, Hamburg
Statistische Daten: Sports data, Berlin
Layout und Herstellung: Prill Partners | producing, Berlin
Repro-Arbeiten: tiff.any, Digitale Medienproduktions und -service GmbH, Berlin
Druck und Bindung: Westermann Druck Zwickau GmbH

Printed in Germany 2001

ISBN 3-328-00945-0

Dank des Teams an: Silke Brem, Steffi Riedel, Franz Beckenbauer, Thomas Brönauer, Siegfried Daut, Ottmar Hitzfeld, Rene Sander, PLANET INTERNET

Inhalt

Franz Beckenbauer

Die Champions League ist ein Erlebnis

Franz Beckenbauer, Präsident des erfolgreichsten deutschen Fußballvereins

Es waren die Augenblicke am Abgrund. Als Paulo Sergio den ersten Elfmeter in den Mailänder Nachthimmel drosch, als auch Patrik Andersson am spanischen Nationaltorwart Canizarez scheiterte. Viele im Giuseppe-Meazza-Stadion hatten in diesen Sekunden den FC Bayern schon abgeschrieben, hatten geglaubt, dass man nach so vielen Rückschlägen nicht mehr als Sieger vom Platz gehen kann.

Immerhin schien in diesem Finale alles gegen uns zu laufen. Was kann es schlimmeres geben, als schon in der dritten Minute das erste Gegentor zu bekommen - dann auch noch per Elfmeter. Und dann, gerade wenn du glaubst, dich von diesem Schock zu erholen, auch noch einen Strafstoß selbst zu verschießen.

So wie eben in diesem dramatischen Elfmeterschießen, das wieder mit dem Schock begann und sogar als Kahns Parade den Ausgleich schaffte, einen neuerlichen Tiefschlag mit Anderssons vergebenem Schuss brachte. Ausgerechnet der Schwede, dessen Zielgenauigkeit wir vier Tage zuvor dank des Freistoßes in der 94. Minute die Deutsche Meisterschaft zu verdanken hatten ...

In diesem Augenblick habe ich zu Oliver Kahn geschaut. Obwohl ich auf der Tribüne recht weit weg saß, habe ich an seiner Gestik und seiner Mimik genau ablesen können, was in ihm vorging. Regelrecht angebrüllt haben sich die Spieler untereinander, sich aufgebaut, sich Mut gemacht. Und ich war mir plötzlich wieder sicher: Diesmal könnte kommen, was wolle, diesmal würde uns keiner diesen Pott wegnehmen.

Das ist Franz Beckenbauer
Geboren am 11.9.1945 in München-Giesing, verheiratet, vier Kinder, lebt bei Kitzbühel; als Spieler 424 Bundesliga-spiele (396 für Bayern München, 28 für den HSV), 44 Tore, 76 Europapokalspiele, 6 Tore, 103 Länderspiele (14 Tore). Erfolge: Vizeweltmeister 1966, Europameister 1972, Weltmeister 1974, Europapokalsieger der Pokalsieger 1967, Europapokalsieger der Landesmeister 1974, 1975, 1976, Deutscher Meister mit Bayern 1969, 1972, 1973, 1974, mit dem HSV 1982, Vizemeister 1970, 1971, 1981, Pokalsieger 1966, 1967, 1969, 1971; als Trainer: Weltmeister 1990, Vizeweltmeister 1986, Deutscher Meister 1994, Europapokalsieger 1996; Präsident des FC Bayern seit 1994, DFB-Vizepräsident, Chef der WM 2006, Kommentator bei Premiere World und *Bild*

Franz Beckenbauer mit dem Landesmeisterpokal 1976. Der FC Bayern München war zum drittenmal in Folge Europapokalsieger geworden

Gemeinsam mit Uwe Seeler (l.) 1970 bei der Weltmeisterschaft in Mexiko

Die Mannschaft hat diesen Titel einfach verdient gehabt. Man hat das ganze Jahr über gespürt, dass der FC Bayern in diesem Jahr wieder einmal dran ist. Es gab für die Spieler in dieser Saison 2000/01 eigentlich nur ein Thema, und das war die Champions League. Sie wollten unbedingt diesen Titel holen, und sie wollten damit die bitteren Minuten von Barcelona vergessen machen, als wir alle uns schon im Besitz des Pokals wähnten, ehe Manchester United uns die alte Fußballerweisheit von Sepp Herberger endgültig widerlegte. Denn ein Spiel, das wissen wir seitdem, hat eben manchmal mehr als 90 Minuten ...

Wie lernfähig der FC Bayern auch mit über hundert Jahren noch ist, hat die Saison 2000/2001 gezeigt, in der auch wir die entscheidenden Tore in den letzten Sekunden, manchmal erst in der Nachspielzeit machen konnten. Das gelingt im Fußball nur, wenn man an sich und vor allem auch an die eigene Kraft glaubt. Wenn man trotz größter Rückschläge nicht aufgibt und weiterkämpft. So wie es diese Mannschaft vorbildlich tat und deshalb auch am Ende mit dem Pokal in Händen zum Siegerbankett fahren konnte.

Wobei ich noch eines klarstellen möchte: Die Champions League hat sich in den letzten Jahren zu einer hochklassischen Veranstaltung entwickelt. Das ist wirklich die Königsliga, hier geht es um die

Final-Begegnung mit Johan Cruyff (l.) bei der Weltmeisterschaft 1974 in Deutschland

Fußballkrone Europas. Der FC Bayern hat einen brutal harten Weg ins Finale nehmen müssen, doch wer im Viertelfinale die Ausnahmeelf von Manchester United zweimal schlägt, wer dann im Halbfinale den Titelverteidiger Real Madrid in beiden Spielen besiegt und gegen Valencia, immerhin auch schon Vorjahresfinalist, die Nerven behält, der sitzt verdient am Ende auf dem Thron.

Die Nacht von Mailand war ganz wichtig für den FC Bayern, sie war auch wichtig für den Fußball in Deutschland. Und sie hat mich mit Stolz erfüllt. Immerhin haben wir alle lange genug auf diesen Moment gewartet. 25 Jahre seit den drei Titelgewinnen in den siebziger Jahren.

Ich hatte das Glück, alle diese drei Siege als Spieler mitzuerleben. Man kann die Mannschaften von damals und heute nicht miteinander vergleichen. Wobei man mit großem zeitlichen Abstand gerne vergisst, dass wir damals auch nicht immer berauschenden Fußball gespielt haben und manches Mal Glück im Titelrennen hatten. Jenes Glück, das wir in den drei letzten Endspielen gegen Aston Villa, Porto oder Manchester nicht hatten. Obwohl die Bayern-Mannschaften in allen drei Finals eigentlich die bessere Mannschaft waren.

Vergleichen kann man aber den Wettbewerb, der früher noch Europapokal der Landesmeister hieß, mit der heutigen Champions League. Und da merkt man schon an den Äußerlichkeiten die großen Unterschiede. Haben wir früher unsere Feiern quasi im Familienkreis gemacht, hatte unser Siegerbankett in Mailand über 1000 Gäste. Reisten früher nur Mannschaft und Betreuerstab mit einer kleinen Gruppe Fans zu Auswärtsspielen, sind Begegnungen in Manchester, Madrid oder London heute ein Megaevent, generalstabsmäßig geplant.

Weil sich in diesen Zeiten des zusammenwachsenden Europa auch unsere Fans in Deutschland immer mehr für den Fußball in den großen Traditionsländern wie England, Spanien oder Italien interessieren und auf diesen Auswärtsreisen ein Fußballspiel in einer fremden Stadt in einer tollen, stimmungsvollen Arena zu einem echten Erlebnis wird.

13. Juni 1956 in Paris

Real Madrid – Stade Reims 4:3

Als der Mythos Real geboren wurde

Paul Breitner sagt es so: »Wenn Santiago Bernabeu nicht 1978 gestorben wäre, würde Real noch immer Europas Fußball beherrschen.« Breitner muss wissen, wovon er redet. Er spielte von 1974 bis 1977 für Real Madrid, die »Königlichen«. Er hat den großen Präsidenten selbst erlebt und spricht noch heute voller Hochachtung: »Er war nicht nur der weiseste Mensch, den ich in meinem Leben kennen gelernt habe – er legte auch den Grundstein zum Mythos Real.«

Wer aber war Santiago Bernabeu?

Real feiert den ersten Gewinn des Meistercups 1956. Kniend 2. v.l.: Alfredo di Stefano (Ullstein)

Nach ihm ist nicht nur das Stadion benannt, in dem Real noch heute spielt. Er hat es erbaut. 1943 wurde der millionenschwere Großgrundbesitzer zum Vorsitzenden gewählt. Und damit begann er, sich einen Traum zu erfüllen. Den Traum vom besten Fußballklub der Welt.

Die erste Amtshandlung: Er ließ im Stadtteil Charmatin ein riesiges Beton-Oval errichten, eine 135 000 Zuschauer fassende Arena, die seinen Namen erhielt. Bernabeu-Stadion. Beim Bau legte er sogar selbst mit Hand an und damit den Grundstein für alles, was folgen sollte. Denn diese gigantische Arena versprach auch gigantische Einnahmen. Und mit dem vielen Geld prägte er die Gesetze der modernen Marktwirtschaft, die noch heute im Fußball gelten: Er kaufte sich und seiner Stadt die besten Fußballer der Welt.

Bernabeu war selbst ein begnadeter Fußballer gewesen – Rechtsaußen beim 1902 gegründeten Real und in der spanischen Nationalelf – und hatte bereits in jungen Jahren ein Erlebnis, das sein ganzes Denken und Streben beherrschen sollte: Unglaublich stolz war er über seine Berufung für ein Länderspiel in Portugal. Die Mannschaften liefen bereits auf dem Platz herum, die Hymnen waren abgespielt, das übliche Gruppenfoto gemacht, als ihn der Trainer plötzlich zu sich rief und ihn unerwartet auf die Bank setzte. Es war eine Lektion, nach der er sich schwor: Nie wieder.

Einen derart erniedrigenden Umgang mit seinen Spielern hat Bernabeu stets vermieden. Sein Credo lautete anders: »Wir sind kein Klub, wir sind eine Familie.« Entsprechend führte er sein Amt aus. Er war kein Selbstdarsteller, kein Diktator. »Er hat nicht draufgehauen, wenn die Mannschaft am Boden lag«, erinnert sich Breitner, »sondern war ein Chef, der uns wieder aufbaute, wenn es mal nicht so rund lief. Genau wie es ein guter Vater macht.«

Er suchte das Einvernehmen mit seinen Stars, in menschlicher und auch finanzieller Hinsicht. »Es war immer mein Bestreben, die Spieler materiell zufrieden zu stellen. Denn nur Profis, die sich gerecht entlohnt wissen, geben wirklich ihr Bestes«, so sein Motto. Und gerechte Entlohnung war bei ihm gleichzusetzen mit einem fürstlichen Gehalt. Wie familiär die Atmosphäre bei Real wirklich

Gemeinsam sind sie stark: Mateos und Francisco Gento im Finale von Stuttgart 1959 – erneut gegen Stade Reims (Ullstein)

Der Artikel des Monsieur Hanot

»Non, Wolverhampton n´est pas encore le 'champion du monde des clubs'!« («Nein, Wolverhampton ist nicht länger der Klub-Weltmeister.«) Diese Schlagzeile zierte am 16. Dezember 1954 die *L´Equipe*, die große französische Sporttageszeitung. Autor war Chefredakteur Gabriel Hanot. Anlass waren zwei Siege des englischen Spitzenteams Wolverhampton Wanderers über Spartak Moskau (4:0) und Honved Budapest (3:2). Daraus hatten die Engländer den Schluss gezogen, dass sie der inoffizielle Weltmeister seien, weil sie die beiden vermeintlich besten Teams des Kontinents geschlagen hatten. In der Sportredaktion wurde heftig diskutiert, wie den arroganten Engländern beizukommen sei und wie ein Wettbewerb aussehen könnte, der das beste Team auf sportlich korrekte Weise ermittelt. Der Artikel von Monsieur Hanot, Ex-Nationalspieler für Frankreich, gilt noch heute als der entscheidende Anstoß zur Gründung des Europapokals.

war, zeigt das Beispiel des Linksaußen Bueno. Zehn Jahre lang stand er im Schatten des großen Gento, ohne irgendeine Chance, ihn jemals verdrängen zu können. Warum er trotzdem blieb, erklärte er so: »Es ist immer noch besser, Ersatzmann in einem solchen Verein zu sein als anderswo eine Primadonna.«

Aber es ist nur eines der Geheimnisse, die von Bernabeu ausgingen und den Mythos Real begründeten. Es begann schon mit der Auswahl der Trikotfarbe: kein tiefdunkles Blau mit roten Streifen wie Barcelona, kein Schwarz-Rot wie Milan, kein Blau-Schwarz wie Inter. Nein, Real trug Weiß. Schlicht Weiß. Weiße Stutzten, weiße Hosen, weiße Trikots.

Und er achtete darauf, dass die Spieler keine Publikumslieblinge zum Anfassen, keine Teenie-Idole waren, sondern stolze Señores mit der nötigen Distanz zur Schar der Verehrer. Er ließ seine Spieler zu Auswärtsspielen in Klubanzügen und Krawatten reisen, was damals noch vollkommen unüblich war. Wer auf dem Platz ausrastete, musste schon mal 1200 Mark Strafe zahlen. Und das in einer Zeit, in der Teilzeit-Kicker wie die Spieler von Eintracht Frankfurt nur 190 Mark im Monat verdienten. Auch deshalb war Real kein Klub zum Anfassen, die Anhänger zollten den nötigen Respekt und hielten Abstand, wie sich das sonst nur zwischen Volk und Königin gehört.

Bernabeu verstand es auch vorzüglich, seine Verbindungen zu den Mächtigen zu nutzen und so den Fußball in Madrid gesellschaftsfähig zu machen. So ließ sich General Franco, Spaniens faschistischer Diktator, häufig bei Real-Spielen auf der Tribüne sehen.

Aber Tradition und Mythos im Fußball basieren vor allem auf Erfolgen. Der Kurs, den Santiago Bernabeu vorgegeben hatte, mündete zwangsläufig in Siege, Pokale, Triumphe. Denn er hatte den Mann gefunden, der auf dem Platz umsetzte, was er vorlebte: Alfredo di Stefano, der Mittelstürmer aus Argentinien. Er war Kopf und Herz jener Mannschaft, die fünfmal in Serie den Europapokal der Landesmeister gewann.

In der »Sala de Trofeos«, in der Real-Zentrale an der Avenida Concha Espina, blinken insgesamt 3500 Pokale in Gold und Silber.

Und viele überragen sogar die größten Spieler. Real, das ist kein normaler Verein, das ist Kult.

Die besten Spieler der Welt haben das Trikot der »Königlichen« getragen. Ferenc Puskas, der »General« aus der Wundermannschaft der Ungarn, der im WM-Finale 1954 in Bern Deutschland unterlag. Gento, der pfeilschnelle Linksaußen aus Spanien, zu seiner Zeit der Beste der Welt. Später der Mexikaner Hugo Sanchez, der jedes seiner Tore mit einem Salto zu feiern verstand. Oder die Deutschen Günter Netzer (1973-76), Paul Breitner (1974-77), Uli Stielike (1977-85), Bernd Schuster (1989-90) und bis heute Bodo Illgner (seit 1996). Roberto Carlos, der Brasilianer mit seinen gefürchteten Freistößen, ist ebenfalls schon seit 1996 in Madrid. Mit Luis Figo wurde im Jahr 2000 der teuerste Spieler der Welt verpflichtet (für 116 Millionen Mark aus Barcelona), nur weil der neue Präsident Florentino Peres den Anhängern ein Antrittsgeschenk versprochen hatte.

Real Madrid, ein lebender Mythos – begründet vielleicht im Geburtsjahr des Europapokals. Als am 4. September 1955 in Lissabon erstmals der Ball in diesem neuen Wettbewerb rollte, hatten sich insgesamt 16 Klubs gemeldet. Für Chelsea London, dessen Teilnahme von der englischen Liga blockiert wurde, rutschte die polnische Mannschaft von Gwardia Warschau in den Wettbewerb. Für Real aber wurde der Weg zum ersten Titel alles andere als ein Spaziergang.

Gegen die Staatsamateure von Partizan Belgrad gab es in Madrid noch einen klaren 4:0-Erfolg. Im Rückspiel aber gerieten die Stars ins Rutschen. Auf vereistem Boden und bei grimmiger Kälte von minus 30 Grad Celsius machten nur Branco Zebec und Zlatko Cajkovski Feuer. Zwei Jugoslawen, die später als Trainer in der Bundesliga für Furore sorgten. 3:0 hieß es am Ende, Real kam mit einem blauen Auge davon. Im Halbfinale wartete der AC Mailand, der in zwei hochklassigen und spannenden Spielen mit 4:2 und 2:1 geschlagen wurde. Das Endspiel in Paris war erreicht.

Gegner dort war Stade Reims mit dem überragenden Angreifer Raymond Kopa und dem knüppelharten Stopper Jonquet. Natür-

Keiner siegte so oft wie Real

1956: 4:3 gegen Stade Reims
1957: 2:0 gegen AC Florenz
1958: 3:2 n.V. gegen AC Mailand
1959: 2:0 gegen Stade Reims
1960: 7:3 gegen Eintracht Frankfurt
1966: 2:1 gegen Partizan Belgrad
1998: 1:0 gegen Juventus Turin
2000: 3:0 gegen FC Valencia
Dazu im Finale:
1962: 3:5 gegen Benfica Lissabon
1964: 1:3 gegen Inter Mailand
1981: 0:1 gegen FC Liverpool

Zahlen zu Real (Stand: 2001)

65 000 Mitglieder
1500 Fanklubs
28 spanische Meistertitel
17 Pokalsiege
5 Erfolge im spanischen Supercup
8 Siege in der Champions League
2 UEFA-Cup-Siege
2 Weltpokal-Erfolge

Der Beste der Besten: Alfredo di Stefano

Das Urteil stammt von Don Fleitas Solich, dem Real-Trainer beim 7:3 gegen die Frankfurter Eintracht 1960. »Er ist ein perfekter Fußballer mit Übersicht, Improvisationsgabe, Instinkt für den Torschuss. Er erledigt ein Laufpensum, das einem Emil Zatopek zur Ehre gereichen würde. Er hilft in der eigenen Abwehr aus, um schon im nächsten Moment die Abwehr des Gegners zu narren. So etwas gibt es auf der ganzen Welt nicht mehr.«
Alfredo di Stefano, damals bereits 33 Jahre alt, galt als perfekter Fußballer. Der Argentinier, »la sueta rubia« (der blonde Blitz) genannt, schoss in jedem der fünf siegreichen Real-Endspiele mindestens ein Tor. Von 1951 bis 1965 erzielte er für Real in 565 Spielen 466 Treffer, schoss in 28 Länderspielen für Spanien 31 Tore, wurde 1957 und 1959 zu Europas Fußballer des Jahres gewählt. Er war vielleicht der Beste der Besten.
Geboren in Argentinien, wechselte er 1949 nach Kolumbien, weil in seiner Heimat die Fußballer streikten. Er unterschrieb bei den »Millonarios de Bogota«. Doch schon zwei Jahre später suchte er einen neuen Klub, weil Bogota nur noch Millionen von Schulden drückten. Barcelona und Madrid warben um seine Dienste. Di Stefano, der auch für Argentinien international spielte und erst später einen spanischen Pass erhielt, war hin und her gerissen. Barcelona hatte 350 000 Mark nach Bogota überwiesen, um sich eine Option zu sichern. Real war cleverer, fand heraus, dass er noch immer River Plate Buenos Aires gehörte und zahlte dorthin 300 000 Mark. Ein Rechtsstreit drohte. Sogar der spanische König bot seine Vermittlung an. Doch dann kam Di Stefano zum Probetraining nach Barcelona. Das Urteil der Barca-Offiziellen: zu dick, zu träge. Die Entscheidung war gefallen. Schnell griff Real zu, machte den Wechsel perfekt. Im ersten offiziellen Spiel für Real steuerte Di Stefano zum 5:0-Sieg gleich vier Treffer bei. Der Gegner hieß FC Barcelona.

lich hieß dessen Sonderaufgabe: Di Stefano stoppen! Er wich dem Real-Kapitän nicht von der Seite, ging jedes Tempo mit und nahm ihm die Luft zum Atmen. Und im mit 40 000 Zuschauern ausverkauften Prinzenparkstadion lag eine Sensation in der Luft. Denn schon nach zehn Minuten führten die Franzosen mit 2:0 durch Tore von Leblond und Templin. Doch Di Stefano, nur einmal seinem unerbittlichen Gegner entwischt, markierte das 1:2. Und gab damit das Startsignal zur Aufholjagd. Schon nach einer halben Stunde hatte Real durch Rial ausgeglichen. Noch einmal ging Reims in Führung. Das 3:2 erzielte Michel Hidalgo, der spätere Nationaltrainer Frankreichs. Doch auch dieser Vorsprung reichte nicht. Ange-

Zum viertenmal in Folge Europapokalsieger nach einem 2:0 gegen Reims 1959 in Stuttgart: Reals Kapitän Zarraga mit Pokal, links daneben Santamaria, Alfredo di Stefano und Torhüter Dominguez, rechts gratuliert UEFA-Präsident Ebbe Schwarz (Ullstein)

trieben von Alfredo di Stefano konnte Real das Spiel noch umdrehen. Obwohl er fast jedes Duell gegen seinen Widersacher Jonquet verlor, setzte er seine Nebenspieler doch brillant in Szene. Und je länger das Spiel dauerte, desto höher wurde das Tempo, das Di Stefano anschlug. Dem waren die Franzosen auf Dauer nicht gewachsen. Das 3:3 gelang Joseito, das 4:3 elf Minuten vor Schluss erneut Rial.

Es war die erste Sternstunde von Real auf der europäischen Bühne, unzählige weitere sollten folgen. Achtmal haben sie bis heute die europäische Krone gewonnen, so häufig wie kein anderer Klub. Und mit Jupp Heynckes sorgte 1998 sogar ein deutscher Trainer für Glanz bei Real. Santiago Bernabeu, ehrfurchtsvoll Don Santiago genannt, hat das nicht mehr miterleben dürfen. Aber seine Erben haben die von ihm geprägte Philosophie übernommen. Auch wenn Erfolge nicht mehr so leicht käuflich sind wie in den fünfziger Jahren – Don Santiago hat überall auf der Welt seine Nachahmer gefunden. Und noch heute gilt Real als Inbegriff für den erfolgreichsten Klub der Welt.

18. Mai 1960 in Glasgow

Real Madrid – Eintracht Frankfurt 7:3

Eintracht im Finale vor 135 000 Zuschauern

Vor dem Anpfiff: Reals Mannschaftskapitän Zarraga (r.) und Eintrachts Spielführer Alfred Pfaff (Ullstein)

Die Zeiten im deutschen Fußball waren aus der Sicht der Beteiligten alles andere als rosig. 160 Mark, so war es im Vertragsspieler-Statut Ende der 50-er Jahre festgelegt, durfte ein Spieler als Maximalbetrag fix kassieren.

»Das glaubt einem heute kein junger Spieler mehr. Denn auch damals gab es schon gewaltige Gehaltsunterschiede«, blickt Ehrenspielführer Uwe Seeler zurück und erklärt: »Allerdings gab es diese Differenzen nicht innerhalb des deutschen Fußballs, sondern im Vergleich mit dem Ausland. Was da vor allem in Spanien gezahlt wurde, war abenteuerlich und machte viele junge Spieler richtig neidisch. Da wurde das Vierzigfache an Geld ausgeschüttet, dazu noch jede Menge an Prämien.«

Zumal es auch reichlich Gelegenheiten zum Feiern für die Spanier gegeben hatte, denn die ersten vier Titel des neuen Europapokals der Landesmeister hatten die Spieler von Real Madrid geholt. Und die Spanier standen auch am 18. Mai 1960 in Glasgow wieder im Finale, um zum fünften Mal in Folge den Pokal zu holen.

So gesehen war das eigentlich genauso wenig eine Überraschung wie der spätere 7:3-Erfolg und das Gelingen des fünften Wurfs. Fast schon sensationell aber kam der Gegner in diesem Endspiel erstmals aus Deutschland.

Eintracht Frankfurt hatte die Qualifikation ohne Spiel überstanden, weil der Gegner Kuopio PS gar nicht erst angetreten war. Im Achtelfinale hieß der Gegner Young Boys Bern, doch die Schweizer waren kein echter Prüfstein für die Hessen, die einem 1:1 im Rück-

spiel einen 4:1-Sieg folgen ließen und es nun mit dem ersten österreichischen Verein im Europapokal zu tun bekamen.

Schon das Hinspiel im Waldstadion war ein mühsames Stück Arbeit, doch die Eintracht siegte gegen den Wiener SC mit 2:1. Im Rückspiel retteten ein Treffer von Stein und mehrere großartige Paraden von Torhüter Loy das 1:1 und damit das Erreichen des Halbfinales.

Schon da erlebten die Hessen zwei Sternstunden, die ihnen selbst die eigenen Anhänger kaum zugetraut hatten, war doch Gegner Glasgow Rangers großer Favorit. 72 000 Zuschauer im Waldstadion rieben sich verdutzt die Augen, als ihre Eintracht gegen die Schotten ein wahres Feuerwerk abbrannte und mit 6:1 gewann. Dabei hatte es zur Pause durch die Tore von Stinka (29.) und Caldow per Foulelfmeter (31.) noch 1:1 gestanden. Angetrieben von ihrem überragenden Spielmacher Alfred Pfaff spielte sich Frankfurt in einen Rausch. Der Regisseur selbst machte das 2:1 (51.) und 3:1 (55.), legte dann für Lindner (73. und 84.) zwei Tore auf, ehe Stein das 6:1 (86.) gelang.

Auch im Rückspiel gelang es den Schotten nicht, die Kreise von Pfaff wirkungsvoll zu stören, und erneut war der Spielgestalter in Hochform und schoss wieder zwei Tore. 6:3 gewann die Eintracht

Alfredo di Stefano (2.v.l.) erzielt den 1:1-Ausgleich gegen Egon Loy (am Boden); rechts: Stinka und Eigenbrodt (Ullstein)

Die Königlichen im erwarteten Jubel auf der Ehrenrunde in Glasgow (Ullstein)

vor immerhin 70 000 Zuschauern in Glasgow, und noch heute wissen Augenzeugen zu berichten, dass es auf internationalem Parkett das beste Spiel der Frankfurter aller Zeiten war.

Nun also standen die Hessen als erster deutscher Teilnehmer in einem Endspiel, mussten gegen den hohen Favoriten und Titelverteidiger Real Madrid antreten, der im Halbfinale das spanische Duell gegen den Meister FC Barcelona klar für sich entschieden hatte.

Eine unglaubliche Kulisse von 135 000 Zuschauern bildete erneut in Glasgow den stimmungsvollen Rahmen für ein Finale der Rekorde. Es war nämlich nicht nur die größte Zuschauerzahl, die jemals ein Endspiel verfolgte, sondern auch das Finale mit den meisten Toren.

Dabei hatte alles zunächst nach einer weiteren Überraschung ausgesehen, denn schon nach 18 Minuten hatte Kreß für das 1:0 der Eintracht gesorgt. »Wenn wir diese Führung hätten länger hal-

ten können, wäre Real sicherlich nervös geworden. Mir war immer klar, dass wir verhindern mussten, dass die Spanier das erste Tor schießen, weil dann diese Partie kippen könnte«, erzählte Alfred Pfaff nach dem Schlusspfiff. Auch er, der vier der 23 Eintracht-Tore in dieser Europacup-Saison beigesteuert hatte, konnte sich an diesem Tag kaum einmal gegen die massive und aufmerksame Abwehr der Madrilenen durchsetzen.

Und er sollte recht behalten, denn nach dem Ausgleich des überragenden Alfredo di Stefano in der 28. Minute kippte das Spiel tatsächlich. Erneut Di Stefano erhöhte gleich im nächsten Angriff auf 2:1. »Wenn wir dieses Ergebnis mit in die Pause genommen hätten, wären wir sicher noch einmal zurückgekommen. Die Mannschaft hatte eigentlich hervorragende Moral und viel Selbstbewusstsein«, erzählte Pfaff. Doch das 3:1 durch Puskas mit dem Halbzeitpfiff bedeutete gleichzeitig eine Art Vorentscheidung.

Zumal der Ungar im zweiten Durchgang in Spiel- und Torlaune war, zwischen der 53. und 70. Minute noch einen lupenreinen Hattrick folgen ließ. Zwei Treffer von Stein sorgten dann noch für ein bisschen Ergebniskosmetik, während noch einmal di Stefano für Real traf.

Bundestrainer Sepp Herberger würdigte auf der Tribüne das Engagement der Frankfurter: »Das Erreichen dieses Endspiels ist schon ein toller Erfolg. Auch wenn man ganz ehrlich sein muss und dann zu der Erkenntnis kommt, dass Madrid heute auch 15 Tore hätte schießen können.«

Ohne Niederlage

Die Zahlen unterstreichen die großartige Leistung der Frankfurter in der Saison 1959/60 erst richtig: Denn die Eintracht erreichte das Endspiel als erster deutscher Verein ohne Niederlage und schoss 23 Treffer in sieben Spielen. Die besten Torschützen waren Stein und Lindner mit je fünf Toren, gefolgt von Pfaff und Meier mit je vier Treffern.

2. Mai 1962 in Amsterdam

Benfica Lissabon – Real Madrid 5:3

Als Eusebio die Ära Real beendete

Gestatten, de Brito, Mauricio de Brito. Er war der Präsident von Benfica Lissabon in jenen Tagen. Und schaute neidvoll ein paar hundert Kilometer weiter östlich, wo Santiago Bernabeu sein großes Real Madrid formte und von Erfolg zu Erfolg eilte. Auch de Brito war ein steinreicher Mann. Auch er liebte den Fußball. Und auch er wollte den Erfolg. Aber welcher Star wollte schon in Portugal Fußball spielen?

Benficas Mannschaft vor dem Landesmeister-Finale 1962 in Amsterdam gegen Real

Die Klubs aus Porto und Lissabon hatten sich in Europa nicht gerade mit Ruhm bekleckert. Nur 1958 hatte es mit Sporting Lissabon überhaupt eine portugiesische Mannschaft geschafft, die erste Runde zu überstehen. Und das auch nur, weil das Los den zweitklassigen holländischen Klub DOS Utrecht bescherte. Benfica und die Klubs aus Porto hatten dafür schon neun Niederlagen und nur läppische zwei Unentschieden erreicht. Portugals Fußball dümpelte also in den europäischen Niederungen. Aber Mauricio de Brito entdeckte einen neuen Spieler-«Markt«: die portugiesischen Kolonien in Afrika.

Aguas, ein Großwildjäger aus Angola, trat nur aus Zeitvertreib gegen den Ball, gehörte nicht einmal einem Verein an. Bei einem Freundschaftsspiel gegen Benfica spielte er trotzdem in einer angolanischen Auswahl. Der Mittelstürmer überzeugte dermaßen, dass Benfica den 20-Jährigen gleich nach Lissabon mitnahm.

In Mosambik fanden sie einen Stürmer namens Eusebio Ferreira da Silva, der den geraden Zug zum Tor hatte, aus jeder sich bietenden Gelegenheit aufs Tor schoss und spätestens bei der WM 1966 in England Weltruhm erlangte.

Auch Coluna und Santana, die Denker und Lenker im Mittelfeld, waren in Afrika geboren. Dazu Torhüter Costa Pereira. Alles geschmeidige, technisch versierte Spieler, denen nur die in Europa notwendige Disziplin fremd war.

De Brito spürte, was zu tun ist. Er benötigte einen Trainer, der diese Talente ausschöpfte und in ein Mannschaftsgefüge pressen konnte. Er fand ihn in Bela Guttmann, einen Ungarn mit österreichischem Pass. Guttmann war ein Weltmann: Er hatte den AC Mailand trainiert, Ujpest Budapest, Rapid und Vienna Wien, feierte beim FC Sao Paulo in Brasilien große Triumphe und hatte auch Benficas Erzfeind FC Porto zu Portugals Meister gemacht. Er schaffte, was zuvor unmöglich schien: Er führte Benfica auf Europas Thron.

Während Real, der Abo-Sieger auf Europas Bühne, erste Schwächen zeigte und vom FC Barcelona bereits im Achtelfinale eliminiert worden war, stürmte Benfica von Sieg zu Sieg. In Runde eins wurden die Schotten von Hearts of Midlothian mit 2:1 und 3:0 ab-

Finale 1961 gegen Barcelona: Benfica gleicht zum 1:1 aus. Torhüter Ramallets (M.) ist geschlagen (Ullstein)

gefieselt. Ujpest Budapest wurde anschließend mit 6:2 und 2:1 weggefegt. Die Dänen von Aarhus GF wurden mit 3:1 und 4:1 ausgeschaltet und im Halbfinale hatte auch Rapid Wien beim 3:0 und 1:1 keine Chance.

Nahezu unbeteiligt sahen die Benfica-Stars dem ersten Skandal der jungen Europacup-Geschichte zu. Angeheizt von Medien und euphorischen Zuschauern schickte sich Rapid an, das 0:3 aus dem Hinspiel noch umzubiegen. Als beim Stande von 1:1 zwei Minuten vor Schluss der englische Schiedsrichter Leafe den Wienern einen Elfmeter verweigerte, entlud sich die geballte Ladung aus Frust und Enttäuschung. Die Zuschauer stürmten den Platz, Scheiben wurden eingeworfen, Sitzbänke demoliert, auf der Tribüne brannten Zeitungen und Fahnen, Schiedsrichter und Portugiesen drohte Lynchjustiz. Zwei Stunden lang tobte der Mob, ehe Überfallkommandos der Polizei die Ruhe wieder herstellen konnten. Elfmeter oder nicht – Rapid hätte sich ohnehin der Übermacht der Portugiesen ergeben müssen. Auch ein 2:1 hätte nicht gereicht.

So also stand Benfica am 31. Mai 1961 erstmals in der Vereinsgeschichte in einem großen Finale, galt aber als krasser Außenseiter.

Wer Real ausgeschaltet hat, galt als legitimer Nachfolger auf den Titel. Also war der CF Barcelona Favorit.

Geradezu logisch die frühe Führung. Wie auf dem Reißbrett zirkelten Suarez und Kocsis den Ball vor das Benfica-Tor, ehe Kocsis gekonnt verwandelte. Nach 20 Minuten führte Barca mit 1:0 im Berner Wankdorfstadion. In jener Arena hatte schon einmal ein Außenseiter gewonnen, bei der WM 1954 Deutschland gegen das favorisierte Ungarn.

Aber die Spanier waren zu leichtsinnig und fahrlässig, zu hochnäsig und überheblich. Benfica witterte seine Chance, wurde von Minute zu Minute stärker und nutzte die sich bietenden Chancen: Aguas, Augusto und Coluna, der seit der Anfangsphase mit einem gebrochenen Nasenbein durchhalten musste, machten aus dem 0:1 ein 3:1.

Erst jetzt reagierte Barcelona wütend, spürte die verpasste, einmalige historische Chance. Sie warfen alles nach vorne, trafen noch zweimal Pfosten und Latte, ehe Czibor das Anschlusstor gelang. 2:3, zu mehr reichte es nicht mehr.

Wie die Jungfrau zum Kind waren die Portugiesen zu ihrem ersten Europa-Triumph gekommen. Und damit auch der legitime Nachfolger vom großen Real?

Ein Jahr später – mit Eusebio hatte Benfica inzwischen einen neuen, noch unbekannten Mittelstürmer – kam es zum direkten Duell: Real gegen Benfica.

Am 2. Mai 1962 standen sich beide Rivalen im Endspiel von Amsterdam gegenüber. Real, mit dem inzwischen 35-jährigen Alfredo di Stefano, den alternden Stars Gento und Puskas, hatte es noch einmal geschafft, wenn auch im Viertelfinale erst nach einem Entscheidungsspiel gegen Juventus Turin. Geradezu locker und leicht war dagegen Benfica in das Finale marschiert: 5:1 und 1:1 gegen Austria Wien, 1:3 und 6:0 gegen den 1. FC Nürnberg, 3:1 und 1:2 gegen Tottenham Hotspur London. 62 000 Zuschauer im rappelvollen Olympiastadion von Amsterdam kannten nur eine Frage: Wer ist der wahre Champion? Titelverteidiger Benfica oder doch noch das große Real? Die Altmeister oder die Emporkömmlinge?

Eusebio Ferreira da Silva – über Nacht zum Weltstar avanciert

ES
INTAR
rros
SA

Es wurde ein Spiel, das als eines der besten in die Europacup-Geschichte eingehen sollte. Erregend, spannend, sensationell. Puskas legte das 1:0 vor, erzielte auch das 2:0. Aguas gelang das 1:2, Cavem der Ausgleich. Doch noch vor der Pause ließ der Major aus Ungarn seinen dritten Treffer folgen, brachte Real wieder 3:2 in Führung. Seitenwechsel.

Eusebio, die Perle Benficas und des portugiesischen Fußballs, ca. 1966

Und das irrwitzige Spiel ging weiter. Zunächst mit der totalen Offensive. Aber je länger das Spiel dauerte, desto mehr zog sich Real zurück. Der große Di Stefano verlegte seinen Aktionsradius vor den eigenen Strafraum, um von dort das Spiel anzukurbeln. Nichts zu sehen von der Herrlichkeit, mit der Real in früheren Jahren den Gegner zu beherrschen verstand. Und die Schritte wurden immer länger, der Atem immer kürzer. Coluna traf mit einem strammen Spannstoß zum 3:3 in den Torwinkel.

Alles war wieder offen. Und alles erstarrte danach beim Anblick des jungen, so erfolgshungrigen Eusebio, der in diesen 90 Minuten von Amsterdam zum Weltstar aufstieg. Erst verwandelte er einen Elfmeter zum 4:3, dann setzte er mit einem fulminanten Schuss zum 5:3 den Schlusspunkt. Eusebio beendete damit ein für allemal die Vorherrschaft von Real.

Sie trugen ihn auf Schultern über den Platz und in die Kabine. Und Eusebio, einem Nervenzusammenbruch nahe, kreischte hysterisch und euphorisch zugleich seine Freude hinaus. Grandios hatte Benfica bewiesen, dass der Sieg über Barcelona keine Eintagsfliege war. Sie hatten ein neues Kapitel im europäischen Fußball aufgeschlagen.

Aber nach diesem Doppeltriumph in den Jahren 61 und 62 ging der Erfolgstrainer Bela Guttmann wieder auf Welttournee. Eine Ära endete in dem Moment, als sie gerade zu beginnen schien.

30-mal wurde Benfica Meister in Portugal, zuletzt 1994. 26-mal waren sie Pokalsieger, zuletzt 1996. Aber der Meistercup kam nur zweimal in die Vereinsvitrine. Insgesamt siebenmal stand Benfica im Finale, aber die anderen fünf Endspiele gingen verloren.

Auch deshalb verehren sie Eusebio noch heute als »Helden«. Auch deshalb haben sie ihm vor das Stadion des Lichts ein Denkmal gesetzt.

24. März 1965 in Rotterdam

1. FC Köln – FC Liverpool 2:2 n.V.

Auch das Los wollte nicht gegen Köln entscheiden …

Aufstellung 1. FC Köln am 24.3.1965:
A. Schumacher, Pott, Regh, H. Sturm, Hemmersbach, Weber, Thielen, Chr. Müller, Löhr, Overath, Hornig.

Sie waren der erste Meister der neuen Bundesliga im Jahr 1964 gewesen, und nun wollte der 1. FC Köln die Liga auch im Europapokal würdig vertreten. Doch was an diesem 24. März 1965 in Rotterdam geschah, war unglaublich und unwürdig und ging als eines der bittersten Kapitel in die Europacup-Geschichte ein.

Dabei hatten die Kölner eigentlich eine wahre Sternstunde erlebt, dem großen Favoriten FC Liverpool zunächst im Müngersdorfer Stadion, dann sogar im Rückspiel ein 0:0 abgerungen. »Das hatte uns keiner zugetraut. Die meisten haben uns vorhergesagt, dass wir mindestens vier Stück auf der Insel bekommen«, erinnert sich Wolfgang Overath an diesen Auftritt. Gerade 21 Jahre war der spätere Nationalspieler damals alt und lieferte mit seinen Mannschaftskameraden eine taktische Meisterleistung.

Besonders im dritten und entscheidenden Spiel, das der europäische Fußballverband nach Rotterdam auf neutralen Platz gelegt hatte. Da schien das Abenteuer Europacup nach einer halben Stunde bereits beendet, denn durch Tore von St. John (21.) und Hunt (34.) lagen die Kölner vor 47 862 scheinbar unaufholbar mit 0:2 hinten – auch oder weil Wolfgang Weber humpelnd vom Platz gegangen war. Nach einem Zusammenprall mit Stevenson konnte er schon nach 15 Minuten nicht mehr gehen, und da zu dieser Zeit das Auswechseln noch verboten war, mussten die Kölner mit zehn Spielern weitermachen. Ausgerechnet Webers Gegenspieler Hunt nutzte diese unbewachte Gelegenheit, bereitete den ersten Treffer vor und machte den zweiten selbst.

Doch der FC gab nicht auf und schaffte durch Kalli Thielen in der 40. Minute den Anschlusstreffer. »In der Pause haben wir uns angeschaut und alle gewusst, dass wir noch nicht geschlagen sind«, schildert Overath die Geschehnisse in der Kabine.

Spätestens die nachfolgende Szene machte das Spiel endgültig zur Sternstunde. Denn auf einmal kam auch der verletzte Wolfgang Weber wieder aus der Kabine und stellte sich mit einer dicken Bandage in den Angriff. Was zu diesem Zeitpunkt keiner wusste war, dass Weber sich das Wadenbein gebrochen hatte.

Trotzdem ließ er sich die Verletzung in der Pause besonders stark verbinden und machte zur Sicherheit noch einen Belastungstest der ganz besonderen Art. »Der sprang doch tatsächlich von einem Schrank herunter, schrie auf und sagte mit schmerzverzerrtem Gesicht: Ich pack's. Ich mache weiter«, schildert Overath. »Da haben wir wieder an uns geglaubt und wussten, dass wir es noch schaffen würden, hier den Ausgleich zu erzielen.«

Trauermarsch in Rotterdam: Wolfgang Weber verlässt die Arena, seine Kölner verlieren ohne Niederlage

Der Glaube versetzte auch diesmal Berge. Und Bälle ins Tor. Denn gerade einmal 150 Sekunden nach dem Wiederanpfiff gelang Hannes Löhr das viel umjubelte 2:2-Ausgleichstor. Köln drängte weiter, der Favorit wankte, doch weder ein weiteres Tor noch Liverpool fiel.

Als auch nach der Verlängerung kein Sieger feststand, ging es nicht wie heute üblich ins Elfmeterschießen, sondern der Gewinner wurde laut UEFA-Statuten per Losentscheid ermittelt.

Schiedsrichter Schauth rief also die Spielführer in den Mittelkreis und nahm eine kleine, runde Holzplatte in die Hand, die gerade einmal den Durchmesser eines Fünfmark-Stücks hatte. Köln oder Liverpool – nach drei nervenaufreibenden Schlachten sollte nun der Zufall über den Sieger entscheiden. Ronnie Yeats, der Kapitän des FC Liverpool, entschied sich für die rote Seite, Hans Sturm nahm weiß, getreu den Trikotfarben an diesem Abend.

Die fast 50 000 Zuschauer auf den Rängen verfolgten mit eisigem Schweigen die Prozedur. Wolfgang Overath, der unmittelbar

Kalter Abend im März: Hans Schäfer (l., im Mantel) begleitet Kölns Kapitän Hans Sturm in die Kabine

daneben stand, wollte auf einmal nicht mehr hinsehen, als der Unparteiische die Münze in den Nachthimmel warf. »Das war grausam. Wir waren so dicht am Halbfinale, hätten dann auch noch gegen Titelverteidiger Inter Mailand gespielt.«

Overath drehte sich weg und wartete auf den Lärm der Fans. Gleich würde er losgehen, der Jubel der Engländer oder vielleicht doch das Geschrei der mitgereisten Kölner Anhänger. Sekunden waren vergangen und nichts geschah. Weiterhin blieb es ruhig im Stadion.

Da drehte sich Overath wieder um und schaute die Holzplakette an, die senkrecht im morastigen Boden steckte. Selbst das Los also wollte sich an diesem Abend nicht entscheiden ...

Denn das Schicksal schien festgelegt zu haben, dass dieses großartige Duell zweier starker Mannschaften keinen Verlierer verdient hatte. Doch die Prozedur wurde ein zweites Mal durchgespielt und wieder warf Schiedsrichter Schauth die Plakette nach oben. Doch diesmal wusste jeder im Stadion sofort, was passiert war. Denn der englische Jubel drang durch die Arena und ließ die FC-Spieler zu Salzsäuren erstarren. Overath erinnert sich an diesen schlimmen Augenblick: »Wir schämten uns nicht für unsere Tränen. Es waren Tränen der Wut, der Enttäuschung, der Ohnmacht. Es ist eine miserable Lösung gewesen, eine kleine hässliche Plakette Richter spielen zu lassen.«

Die Tragik des Kölner Ausscheidens erregte in ganz Europa großes Mitleid. Dreimal unbesiegt waren die Kölner und mussten ausscheiden, obwohl der Gegner kein Tor mehr geschossen hatte. Durch ein Holzplättchen, das sich scheinbar selbst nicht entscheiden wollte zwischen Rot und Weiß. Selbst *Daily Mail*, die englische Boulevardzeitung, den Deutschen gegenüber in der Regel unfreundlich, schrieb nach diesem Tag: »Unfair! Der größte Vereinswettbewerb Europas wird zur Lotterie.«

Niedergeschlagenheit auch bei Fan Rosemarie

Glücksspiel-Verbot

Trotz des großen öffentlichen Protestes blieben die Verantwortlichen der UEFA zunächst lange hart und hielten an der ungerechten Regelung durch Losentscheid fest. Erst 1970 wurde das Glücksspiel abgeschafft, und der Verband führte danach das Elfmeterschießen ein, um zumindest eine sportlichere Entscheidung zu treffen.

29. Mai 1968 in London

Manchester United – Benfica Lissabon 4:1 n.V.

Die unglaubliche Auferstehung der Legende ManU

Die folgende Sternstunde beginnt mit einem Drama und mit einem Versprechen. »Zehn Jahre werde ich brauchen«, hatte der legendäre Matt Busby verkündet, »um wieder eine so großartige Mannschaft aufzubauen, die sich die Krone Europas und den Europapokal holen wird.«

Man schrieb den 6. Februar 1958. Es war der Tag, an dem eine ganze Fußballmannschaft starb und dabei ein Mythos geboren wurde.

Bobby Charlton stemmt den Pokal, links UEFA-Präsident Gustav Wiederkehr, rechts Torhüter Alex Stepney und Bill Foulkes

Das Team von Manchester United war auf dem Rückflug von Belgrad nach England. Nach einem 2:1-Erfolg im heimischen Old-Trafford-Stadion erspielten sich die »Roten Teufel« ein verdientes 3:3 bei Roter Stern Belgrad. Erneut nach 1957 hatten sie das Halbfinale des Landesmeister-Wettbewerbs erreicht, nachdem sie damals mit 1:3 und 0:0 an Real Madrid gescheitert waren. Beim Start der Maschine nach einer Zwischenlandung in München kam es zur Katastrophe: Die Mannschaft, die »Busby Babes«, der mit einem Durchschnittsalter von knapp 23 Jahren eigentlich die Zukunft gehörte, hatte an diesem Winter-Nachmittag aufgehört zu existieren. Die Bilanz des Schreckens war grausam: Insgesamt 21 Menschen starben bei diesem Unglück in München, 18 überlebten.

Matt Busby arbeitete Tag und Nacht an dem Ziel, ein neues Team aufzubauen und sie wieder an die Spitze des internationalen Fußballs zu führen. Er hatte sich diese schwere Aufgabe gestellt, um den sinnlos gestorbenen Spielern einen letzten Dienst zu erweisen. Angetrieben von diesem Wunsch, formte Busby um die überlebenden Profis Charlton und Foulkes eine starke Truppe. Er holte Dennis Law vom italienischen Spitzenverein AC Turin nach England zurück. Pat Crerand kam von Celtic Glasgow und der Dribbel-Künstler George Best von Hibernian Cork aus Irland.

Der Erfolg stellte sich schon 1965 und 1967 ein. In diesen Jahren wurden die Busby-Männer englischer Meister und tatsächlich, genau zehn Jahre, drei Wochen und drei Tage nach dem großen Flugzeugunglück stand Manchester United wieder in einem Landesmeisterfinale.

Mit Erfolgen über La Valetta (Malta), Sarajevo (Jugoslawien), Gornik Zabrze (Polen) und Real Madrid hatte Manchester das Endspiel gegen Benfica Lissabon erreicht, das in diesem Jahr ausgerechnet auf der Insel im Londoner Wembley-Stadion ausgetragen wurde.

Die Portugiesen bereiteten sich akribisch auf die Partie vor. Schon am 24. Mai 1968, also vier Tage vor dem Showdown, landeten sie in London. Die Reporter am Flughafen Heathrow stürzten sich fast ausnahmslos auf den dunkelhäutigen Stürmerstar Eusebio. Der

Manchesters große Mannschaft von 1968. Matt Busby hütet den Pokal

Angreifer aus Mosambik hatte zwei Jahre zuvor für viel Furore gesorgt, war mit neun Toren der gefeierte Mann des WM-Turniers gewesen. Der Benfica-Star gab sich locker: »Der schwarze Tag von Wembley 1966 ist vergessen. Gerade weil wir damals in Wembley so gut gespielt und beinahe gewonnen haben, haben wir Mut. Uns wird das Getöse im Stadion nicht nervös machen.«

Ein Wiedersehen gab es für ihn mit dem eisenharten Manndecker Nobby Stiles, der Eusebio im Halbfinale der WM entscheidend »an die Kette« gelegt hatte. Der gläubige Afrikaner bei einer Pressekonferenz: »Gott wird entscheiden, ob ich gegen Manchester United ein Tor schieße, und nicht Stiles.«

Ganz London war im Endspielfieber, und die Engländer hofften, dass die Schmach des Vorjahres, als ausgerechnet die Schotten

von Celtic Glasgow als erster britischer Klub den Landesmeister-Cup (2:1 gegen Inter Mailand) auf die Insel holten, mit diesem Endspielsieg getilgt werden könnte.

So war der Run auf die Karten überwältigend. Fast 500 000 Tickets hätten für diese Begegnung abgesetzt werden können, und das Wembley-Stadion war schon Stunden vor dem Anpfiff fast bis auf den letzten Rang besetzt.

Immer wieder schallte der Schlachruf »England, England« durch die 100 000 Zuschauer fassende Arena, und die rund 10 000 Benfica-Fans verloren sich fast im bunten Bild der Manchester-Fans. Die Portugiesen standen an diesem Abend schon zum fünften Mal in einem Europacup-Endspiel und hatten bereits zum zweiten Mal Pech mit dem Austragungsort des Endspiels. 1965 musste Benfica in Mailand gegen die Heimmannschaft Inter antreten (0:1) und nun in Wembley gegen Manchester.

Das Fernsehen erlebte seine erste Blütezeit, denn rund eine halbe Milliarde Menschen saß in aller Welt vor dem TV-Gerät und schaute sich die Partie dieser Weltklasseteams an. Die Siegprämien für die beiden Teams waren fürstlich, da den ManU-Kickern im Erfolgsfall jeweils eine Summe von umgerechnet 28 000 Mark, den Kontrahenten aus Lissabon immerhin noch rund 10 000 Mark pro Spieler zugekommen wäre.

Die Portugiesen spielten ganz in Weiß, die Engländer liefen im ungewohnten Blau auf. Beide Teams verzichteten auf ihre Klub-Farbe Rot, damit es keine Streitigkeiten im Vorfeld gab. Manchester griff gleich nach dem Anpfiff von Schiedsrichter Lobello wütend an. Benfica erschien in vielen Szenen zu behäbig, fast zaudernd. Ein Portugiese hatte einen ganz speziellen Sonderauftrag übertragen bekommen, denn Jose Augusto wurde vom Flügelstürmer zum Sonderbewacher von Bobby Charlton umfunktioniert.

Im Sturm der Busby-Truppe wirbelte der Geniale, aber gleichzeitig völlig disziplinlose George Best, oft als »Beatle« der Fußballszene beschrieben. Neben ihm sollte Brian Kidd für die nötigen Tore sorgen. Kaum jemand im Stadion gab nach dem wilden Auftakt der »Red Devils« einen Penny für den Benfica-Erfolg, denn

»Wer sich mit der Geschichte des Vereins Manchester United beschäftigt, muss anerkennen, dass dieser Verein etwas ganz Besonderes ist. Seine Fans würden für diesen Klub alles tun.« Karl-Heinz Rummenigge

Die Stützen der neuen Mannschaft: Mittelfeldakteur Nobby Stiles (l.) und Flügelstürmer George Best

Der Kopf der neuen Mannschaft: Regisseur, Torjäger und Kapitän Bobby Charlton

gleich zweimal verpasste David Sadler den Torerfolg nur knapp, weil jedes Mal Lissabons Keeper Henrique schneller war.

In der elften Minute hielt fast das ganzes Stadion den Atem an. Eusebio hatte sich gelöst und knallte den Ball an die Latte des gegnerischen Tores. Das hätte die Führung der Portugiesen sein müssen.

Manchester machte Dampf und hatte mit Sadler einen Unglücksvogel in seinen Reihen. Als Kidd frei stehend in der 30. Minute den Ball vor dem Tor einschussbereit liegen hatte, spielte er uneigennützig Sadler an, der vergab aber erneut.

Von Benfica war in der ersten Halbzeit nicht viel zu sehen. Nur Eusebio versuchte seinem Kettenhund Stiles zu entwischen und einen Treffer zu erzielen. In der zweiten Halbzeit war es dann endlich so weit, und die Fußballfans im Wembley-Stadion konnten sich über den ersten Treffer freuen, als Aston von links vors Tor flankte, Bobby Charlton förmlich durch die Luft schwebte und den Ball per Kopf hinter die Linie zum 1:0 drückte.

Es war das erste Kopfballtor von Charlton seit zehn Jahren, und der gestand später: »Wenn ich keine Glatze hätte, wäre er nicht reingegangen.«

Was niemand mehr für möglich gehalten hatte, passierte nun, denn Benfica wehrte sich plötzlich gegen die drohende Niederlage. Augusto flankte auf Torres, der passte direkt auf Eusebio weiter und der Afrikaner täuschte zwei Engländer, spielte den Ball auf den frei stehenden Graca. Der Portugiese ließ ManU-Keeper Alex Stepney keine Chance und traf zum 1:1.

Jetzt torkelte Manchester wie ein angeschlagener Boxer über den Rasen, Lissabon drängte auf den Siegtreffer. Doch ausgerechnet Eusebio, der drei Minuten vor dem Abpfiff der 90 Minuten alles klar machen konnte, verstolperte die Riesenchance und schoss völlig unbedrängt Stepney in die Arme.

Dann war das Spiel aus, es ging in die Verlängerung. Ausgepumpt lagen die United-Spieler auf dem »heiligen« Rasen des Wembley-Stadions. Busby und sein Assistent Murphy sprachen den müden Helden Mut zu, und die Worte wirkten Wunder.

Keine drei Minuten nach Wiederanpfiff umkurvte Best zwei Ab-

ManU 1958 – acht Spieler kamen ums Leben

wehrspieler von Benfica, dann den Torwart und schoss lässig zum 2:1 ins leere Tor. Zwei Minuten später köpfte Kidd das 3:1 und hatte damit ausgerechnet an seinem 19. Geburtstag sein Tor im Europacup-Finale gemacht.

Die Zuschauer bejubelten ihn mit einem Happy-Birthday-Ständchen. Sie wussten, dass damit die Vorentscheidung gefallen und Benfica geschlagen war. In der 99. Minute machte Charlton auch noch das 4:1.

Als Bobby Charlton Minuten später die silberne Trophäe in den Abendhimmel reckte, umarmte ihn Matt Busby stürmisch. In diesem Augenblick bewahrheitete sich Busbys Schwur, den er vor der Münchner Klinik 1958, zehn Jahre zuvor, geleistet hatte. Er hatte endlich Manchester United den Traum erfüllt, der durch einen schrecklichen Flugzeugunfall an einem kalten Wintertag in Süddeutschland zerstört worden war.

Stilles Gedenken

Fußball-Tradition wird in England ganz besonders gepflegt. Auch die Flugzeug-Katastrophe von München lebt durch Denkmäler und Plaketten in den Gedächtnissen der Fans weiter. Das berühmteste Erinnerungsstück ist die Stadionuhr von Old Trafford aus dem Jahr 1958.
Sie ist genau im Augenblick des Unglücks, um 15.08 Uhr, gestoppt worden und hängt mittlerweile in Gedenken an die 21 toten Passagiere an der Außenwand der Haupttribüne. In der Kapelle von Dudley (Worcestershire) ist der verstorbene Stürmerstar Duncan Edwards im Kirchenfenster verewigt. Sein Abbild im roten United-Trikot mit dem Spruchband »Gott ist mit unserem Kapitän« ist in bunten Gläsern dort verewigt. Sogar die in München-Riem umgekommenen Journalisten werden geehrt. Eine Erinnerungstafel mit ihren Namen hängt seit dem Unglück im Presseraum des Klubs.

Netzers Gala und der Büchsenwurf vom Bökelberg

Aufstellung Borussia Mönchengladbach am 20.10.1971:
Kleff, Vogts, Müller, Sieloff, Bleidick, Bonhof, Netzer (83. Wittkamp), Kulik, Wimmer, Heynckes, Le Fevre.

Selten waren sich die Fußball-Experten so einig, wie an diesem 20.Oktober 1971. Denn das, was Borussia Mönchengladbach an jenem Abend in der zweiten Runde des Europapokals der Landesmeister zeigte, war möglicherweise die beste Leistung einer deutschen Mannschaft in einem international bedeutenden Spiel.

In jedem Fall war das 7:1 gegen Inter Mailand eine Sternstunde der ganz besonderen Art, zumal es eines der höchsten Ergebnisse war, die je von einem deutschen Team in der Liga der Champions erzielt wurde. Trotzdem erlangte dieses außergewöhnliche Spiel aus ganz anderem Grunde weltweite Berühmtheit und wurde später auch noch zu der brutalsten Ohrfeige, die im Fußball am »grünen Tisch« jemals ausgeteilt wurde.

Für die Gladbacher ist es der Abend der Reifeprüfung, denn die Mailänder hatten bereits zweimal die Replik des begehrten Europacups der Landesmeister in die Vitrinen stellen können. Und auch wenn der letzte Sieg in diesem Wettbewerb schon aus dem Jahr 1965 (gegen Benfica Lissabon) datiert, gilt der italienische Meister in dieser Saison als großer Favorit. Gladbach dagegen ist nur krasser Außenseiter, obwohl die Elf von Hennes Weisweiler in der ersten Runde souverän die schottische Mannschaft von Cork Hibernian ausgeschaltet hatte.

Doch Spielmacher Günter Netzer ist mit einer Knieverletzung vom Länderspiel in Polen zurückgekehrt, und erst drei Tage vor der Partie durfte der Gips entfernt werden. Noch beim Aufwärmen blicken die Verantwortlichen mit sorgenvoller Miene zu ihrem Spiel-

gestalter, und auch der gibt in der Rückbetrachtung zu: »Ich war mir nicht sicher, ob es gehen würde. Aber dann bin ich von der Atmosphäre gepackt worden und habe mir gesagt: Du musst jetzt spielen. Du musst es einfach probieren. Ich war das den Zuschauern und meinen Mannschaftskameraden schuldig.«

Netzer spielte also, wobei dieser Ausdruck für die 90-Minuten-Gala des genialen Fußballers mit der Rückennummer 10 noch untertrieben war. »Wir haben nicht immer nur Spaß miteinander gehabt. Aber was er gegen Inter veranstaltete, hat mich fast sprachlos gemacht«, erzählte Hennes Weisweiler später und fügte lobend hinzu: »Für mich war es sein mit Abstand bestes Spiel als Fußballer.«

Bereits nach sieben Minuten verblüfft Netzer die gesamte Abwehr der Italiener, denn sein wunderschöner Pass wird von Jupp Heynckes aufgenommen, der umspielt noch Giubertoni und überwindet Torwart Vieri zum ersten Mal an diesem Abend.

Als Boninsegna nach zwanzig Minuten per Freistoß das 1:1 erzielt, ist vielen Zuschauern klar, dass nun die Mailänder Favoriten das Spiel an sich ziehen würden. Doch wer das glaubt, wird ganze fünfzig Sekunden später eines Besseren belehrt: Uli Le Fevre köpft eine Flanke von Wimmer zur erneuten Führung für die Borussia ein, ein Tor, das nicht nur den Mönchengladbacher Anhang verzückt, sondern die Mailänder völlig unvorbereitet trifft. Der große Sandro Mazzola, als Kapitän seiner Mannschaft an diesem Abend einer der großen Stars, gibt nach dem Abpfiff zu: »Beim Ausgleich hatte ich das Spiel im Kopf schon abgehakt. Ich war mir sicher, dass wir jetzt auf keinen Fall mehr verlieren könnten und dachte bereits: Ein Unentschieden hier auswärts, dann sind wir in jedem Fall weiter – besonders weil wir ein Tor geschossen hatten und nun im Heimspiel hinten dicht machen konnten. Doch noch während ich diese Variante im Kopf durchspielte, lagen wir wieder hinten.«

Nicht äußern wollte sich Mazzola dagegen zu den Ereignissen, die dieses Spiel in der 28. Minute zu einem echten Drama machten. Es geschah nach einem Zweikampf zwischen Luggi Müller und dem Torschützen, Roberto Boninsegna, an der Außenlinie. Beide hatten sich schon einige packende Duelle geliefert, und nun lag der

Als noch keine Büchse geworfen war: Torhüter Wolfgang Kleff vor Inter-Stürmer Roberto Boninsegna (r.) am Ball

Ball im Seitenaus. »Es war eigentlich ein klarer Einwurf für uns, aber Boninsegna reklamierte wie immer den Ball für sich«, erinnert sich Müller noch genau an die Szene.

Woher die halb gefüllte Limonadendose plötzlich geflogen kam, weiß auch Müller nicht: »Auf einmal ging der Italiener zu Boden und spielte den sterbenden Schwan.« Riesentumulte auf dem Spielfeld, vor allem, als Sandro Mazzola Schiedsrichter Dorpmans aus Holland die Büchse übergibt. Mit dem Finger zeigt der Mailänder Kapitän auf die Tribüne, glaubt, den Schuldigen bereits ausgemacht zu haben. Eilig stürmen nun auch Polizisten auf die Tribüne und haben schnell einen Verdächtigen in der Mangel, der als Werfer identifiziert wird. Es handelt sich um den 29-jährigen Staplerfahrer Manfred K., der demonstrativ über das Spielfeld abgeführt wird und

gegen den die Staatsanwaltschaft später ermittelte. Doch sowohl dieses als auch ein späteres Zivilverfahren des Vereins wurden eingestellt, da der Wurf nie bewiesen werden konnte.

Der getroffene Boninsegna liegt in dieser 28. Minute noch immer auf dem Rasen. Im Bulletin des italienischen Mannschaftsarztes Dr. Quarenghi wird später zu lesen sein: »Längere Zeit war der Spieler ohne Bewusstsein. Nach meiner Auffassung eine Zeit von mindestens 15 Minuten.« Mit einer Platzwunde und einer Kopfprellung wird der Stürmer dann nach Minuten weggetragen, Ghio kommt für ihn aufs Feld, wo es schon nach einem Spielabbruch aussieht.

Doch der Schiedsrichter bespricht sich erst einmal mit seinen Linienrichtern, holt sich dann die beiden Kapitäne Netzer und Mazzola zum Gespräch. »Ich habe beiden gesagt, dass ich sofort abbre-

Le Fevre bejubelt sein 3:1. Inters Torhüter Vieri in aussichtsloser Lage

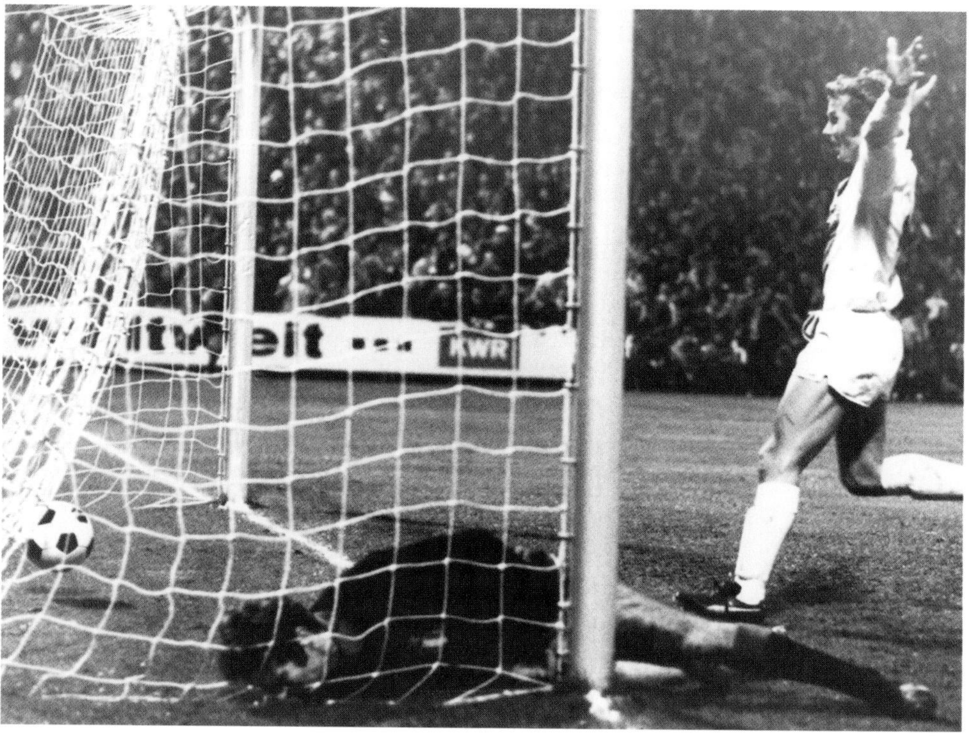

che, wenn auch nur ein Gegenstand noch auf den Rasen geworfen wird«, erklärte Dorpmans nach dem Abpfiff. Und dann gibt er einen bedeutenden Satz zu Protokoll, von dem später zumindest von italienischer Seite niemand etwas wissen will: »Von einem Protest haben mir die Italiener überhaupt nichts gesagt.« Dafür brüllen sie nach dem Abpfiff auf den Referee ein und behaupten, nur unter eben diesem Protest überhaupt weitergespielt zu haben.

Wer weiß, wie die Meinung der Mailänder gewesen wäre, wenn das Spiel nach vier Minuten Unterbrechung anders weitergegangen wäre als an jenem Abend. Denn in der 34. Minute liegt der Ball zum dritten Mal im Netz der Mailänder, und wieder ist es Le Fevre, der nach einer Ecke von Christian Kulik mit dem Kopf zur Stelle ist.

Mönchengladbach spielt sich in einen wahren Rausch. Allen voran Günter Netzer, der in der 42. Minute auch noch höchstpersönlich das vierte Tor mit einem herrlichen Freistoß um die Inter-Mauer erzielt. Und eine Minute vor dem Pausenpfiff erhöht Heynckes mit seinem zweiten Treffer nach schöner Vorarbeit von Berti Vogts auf 5:1.

Selbst die ungewöhnliche Maßnahme von Inter-Trainer Invernizzi, zum zweiten Durchgang den bedauernswerten Vieri im Tor gegen Bordon auszuwechseln, soll sich an diesem Abend nicht auszahlen. Denn die Borussia spielt das Spiel des Jahrzehnts. Und Netzer das Spiel seines Lebens.

52 Minuten sind vorüber, als sich Netzer selbst die Krone aufsetzt. Erst schlägt er einen Traumpass auf Jupp Heynckes, der spielt den Ball als Doppelpass genau in den Lauf des Spielmachers zurück und Netzer lupft das Leder mit dem Außenrist über den heraus stürzenden Bordon zum 6:1 ins Netz. Die Zuschauer sind völlig aus dem Häuschen, rufen immer wieder den Namen ihres Helden, der in der 83. Minute von Hennes Weisweiler eine Sonderwürdigung bekommt. Der oft so kritische Trainer holt Netzer (für ihn kam Wittkamp) vom Platz, gestattet ihm so einen eigenen Sonderapplaus der begeisternden Zuschauer.

Diese hatten Sekunden zuvor auch noch das 7:1 durch einen Foulelfmeter von Klaus Sieloff gesehen, nachdem Oriali Le Fevre im Strafraum elfmeterreif zu Fall gebracht hatte.

Gladbach feiert nach dem Abpfiff eine einmalige Sternstunde, doch in der Gästekabine sind die Ursachen für das Debakel schnell gefunden: »Mit Boninsegna wäre das sicher nicht passiert. Diese Aktion hat uns das Genick gebrochen«, tobt Inter-Vizepräsident Dr. Prisco, und Italiens Rekordnationalspieler Facchetti erklärt: »Nach dem Büchsenwurf hatten alle Spieler von uns wahnsinnige Angst. Keiner konnte mehr befreit spielen, jeder dachte nur an ein schnelles Ende.«

Für Günter Netzer sind das noch heute faule Ausreden. »Für Boninsegna stand wohl fest, dass er nach dem Wurf nun eigentlich tot, zumindest aber bewusstlos sein müsste. Daran ließ er keinen Zweifel aufkommen. Das ging so weit, dass der Italiener dermaßen schonungsbedürftig war, dass er weder für UEFA-Beobachter Matt Busby noch für Ärzte oder Vorsitzende empfangsfähig war. Niemand durfte seinen Zustand begutachten. Die Kabine war hermetisch abgeriegelt.«

Bestätigt wird der unausgesprochene Verdacht von einem Zeugen, der sich erst 25 Jahre später zu erkennen gab. Helmut Bähren, damals als 20-Jähriger auf der Tribüne im Stadion dabei, erzählt eine ungeheuerliche Geschichte: »Boninsegna wollte eigentlich weiterspielen. Doch die Inter-Betreuer nutzten die Situation aus, drückten ihn immer wieder runter, als er aufstehen wollte. Sie spürten wohl trotz des knappen 1:2-Rückstands, dass sie hier keine Chance hatten. Boninsegna hatte gar nichts. Der war topfit.«

Nachdem eine Büchse geworfen worden war: Roberto Boninsegna wird am Bökelberg vom Platz getragen

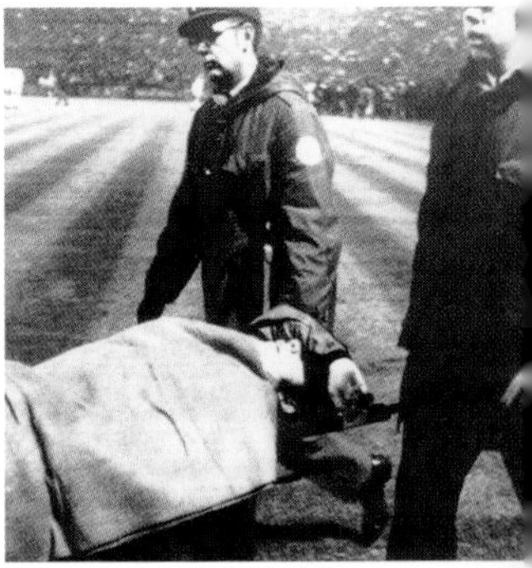

In Genf tagte eine Woche später der Disziplinarausschuss der UEFA. Die Uhr zeigte schon 0:17 Uhr am frühen Freitagmorgen des 28. Oktober, als der Vorsitzender der Schweizer Dr. Zorzi, ganz Fußball-Deutschland schockte: Das 7:1 wurde annulliert, ein Wiederholungsspiel auf neutralem Platz angesetzt. Zudem gab es eine Sperre für ein weiteres Heimspiel und eine Geldstrafe von 10 000 Schweizer Franken.

Fassungslosigkeit im Lager der Gladbacher. »Das ist die größte sportliche Gemeinheit, die man sich vorstellen kann. Ein unmögliches, unfassbares Urteil. Man hat eine großartige Mannschaft herzlos bestraft«, war Hennes Weisweiler außer sich vor Wut. Die ganze

Bundesliga solidarisierte sich mit Gladbach. So erklärte der damalige HSV-Trainer Klaus Ochs: »Dieses Urteil öffnet dem Fanatismus Tür und Tor. Jetzt kann bald jedes Spiel durch Flaschen- oder Büchsenwerfer manipuliert werden.«

In den Zeitungen fanden sich am Tage danach Karikaturen, auf denen Ersatzspieler mit Flaschen bewaffnet auf der Bank sitzen und der Unterzeile: »... und nicht vergessen: Wenn wir zurückliegen, wirfst du die Flasche.«

Nicht nur in Gladbach, wo ein italienisches Eiscafé einen Tag später für drei Monate in die Winterpause ging, ließ der UEFA-Spruch die Emotionen überlaufen. In einer Textilfabrik ging es soweit, dass Betriebsratsvertreter »alle Italiener aus dem Werk raus schmeißen lassen wollten«.

Im Rückspiel in Mailand verlor die Borussia zunächst mit 2:4, und so musste das Wiederholungsspiel, das in Berlin angesetzt wurde, entscheiden. Doch das Wunder vom Bökelberg ließ sich nicht wiederholen, denn die Italiener ermauerten sich ein torloses Unentschieden, wobei sich Luggi Müller in diesem Spiel auch noch Schien- und Wadenbein brach.

Das Glück blieb dagegen den Italienern auch weiter hold, denn im Viertelfinale schaffte Inter gegen Standard Lüttich nur durch das auswärts geschossene Tor das Weiterkommen (1:2 und 1:0) und stellte im Halbfinale einen bis heute ungeschlagenen Negativrekord auf. Denn in beiden Spielen gegen Glasgow Rangers mauerten sich die Italiener erst über 90, dann auch über 120 Minuten ein 0:0 und gewannen dann glücklich mit 5:4 im Elfmeterschießen.

Im ausverkauften Hexenkessel von Rotterdam reichten dann alle Tricks der Mailänder nicht mehr, Ajax Amsterdam siegte durch zwei Treffer des überragenden Johan Cruyff mit 2:0.

Boninsegna, der im Finale natürlich längst völlig fit auflaufen konnte – wie schon in den nächsten Spielen nach dem Büchsenwurf – schweigt übrigens bis heute ...

24. Oktober 1973 in München

FC Bayern München – Dynamo Dresden 4:3

Ein deutsch-deutscher Krimi

Aufstellung FC Bayern München und Dynamo Dresden am 24.10.1973:
München: Maier, Hansen, Schwarzenbeck, Beckenbauer, Dürnberger, Zobel, Gersdorff (46. Hadewicz), Roth, U. Hoeneß, Müller, Hoffmann.
Dresden: Boden, Dörner, Helm, Wätzlich, Geyer, Häfner, Schade, Ganzera, Heidler, Rau (84. Schmuck), Sachse (75. Riedel).

Dresdner im Höhenflug: Frank Ganzera kommt weiter als Sepp Maier (l.), Dynamo-Stürmer Rainer Sachse und Franz Beckenbauer (5) in der Statistenrolle

Die Szene wirkte gespenstisch. Jeweils pünktlich um 14.23 Uhr und um 15.31 Uhr waren die Sonderzüge in den Münchner Hauptbahnhof eingefahren. Doch die Fahrgäste, die aus dem Zug auf den Bahnsteig 25 stiegen, sahen nicht gerade aus wie Besucher eines Fußballspiels. Geordnet in Zweier- und Dreiergruppen verließen die 1000 Fans von Dynamo Dresden an diesem 24. Oktober ihre Abteile. Keine Sprechchöre, keine Fahnen, nicht einmal Gesänge. Es gab nichts, was dem neutralen Beobachter Vorfreude auf den ersten deutsch-deutschen Vergleich der Fußballgeschichte im Europacup vermittelt hätte.

Es hatte lange gedauert, bis der Zufall diese Paarung ausgelost hatte. 18 Jahre lang hatten sich die Fußballfreunde aus Ost und West auf einen solchen Vergleich gefreut. Nun traf endlich einmal der Meister des Ostens, Dynamo Dresden, auf den Titelträger des Westens, den FC Bayern. In München sollte ein Jahr nach den Olympischen Sommerspielen erstmals auch im Fußball der große Kräftevergleich stattfinden.

Es wurde ein Achtelfinale von hoher Dramatik, denn sportlich schenkten sich beide Teams nichts. Dabei waren die Bayern vorher noch überheblich aufgetreten, nachdem Robert Schwan, der mächtige Technische Direktor des Meisters, erklärt hatte: »Diese Dynamo-Elf ist für unser Team gar kein Gegner. Wenn wir durch die aus dem Pokal fliegen, wandere ich sofort in die DDR aus.«

Worte, die der spätere Beckenbauer-Manager fast bereut hätte. Denn schon in München wurde das Spiel auf dem Rasen eine span-

nende und knappe Angelegenheit. Sachse hatte Dynamo schon nach dreizehn Minuten überraschend in Führung gebracht, doch dann schlugen die Bayern zu, drehten das Spiel in nur acht Minuten um und gingen durch Treffer von Hoffmann (17.) und Dürnberger (26.) mit 2:1 in Führung. Jetzt, so glaubte der Großteil der 55 000 Zuschauer im Olympiastadion, würden die Dresdner zusammenbrechen. Das Stadion war übrigens nicht ausverkauft, weil die Bayern für dieses Duell extra die Preise erhöht hatten. So kostete ein Tribünenplatz nicht weniger als 52 Mark, ein unüberdachter Sitzplatz noch stolze 35 Mark. Viele Bayern-Fans, die in der Bundesliga nicht außerordentlich von ihren Spielern verwöhnt worden waren, hatten für diese Maßnahme kein Verständnis und blieben zu Hause.

Dafür kamen eben jene 1000 Fans aus Dresden, die nach der Ankunft im Hauptbahnhof sofort 200 Meter weiter im Mathäser-Bierdorf verschwanden. »Geschlossene Gesellschaft« stand an diesem Tag am Eingang geschrieben. Drinnen servierten die Kellner zweimal 500 Essen für je elf Mark, alles Wochen vorher vom DDR-Reisebüro organisiert.

Es klang wie ein Scherz, als der Leiter dieser Delegation, Oberst Herbert Gasch, dem Bayern-Präsidium erklärte: »Die Karten haben nicht nur Mitglieder von Dynamo erhalten, sondern auch viele Freiwillige und Ehrenamtliche, die im Volkssport tätig sind.« In Wirklichkeit aber waren alle Mitreisenden mehrfach von der Stasi durchgecheckt worden und hatten zudem genaue Verhaltensmaßregeln bekommen.

Gejubelt werden durfte allerdings auch, wenn auch nur bei Toren der eigenen Mannschaft. Doch die Dynamos verkauften sich im Olympiastadion hervorragend und schlugen trotz des 1:2-Rückstands zurück. Wieder Sachse machte mit seinem zweiten Tor den Ausgleich (34.), und Heidler brachte Dresden kurz vor der Pause (43.) sogar mit 3:2 erneut in Führung.

Erst wackelten die Bayern, dann die Wände in der Kabine. Denn Franz Beckenbauer ergriff das Wort und erklärte: »Was wir spielen, ist Schafskäs'. Wir müssen jetzt rausgehen und uns konzentrieren, sonst geht das Spiel in die Hose.«

Hadewicz kam für den schwachen Bernd Gersdorff im Sturm, und endlich zeigten die Hausherren mehr Willen, dieses Spiel noch umzudrehen. Doch es dauerte bis zur 71. Minute, bevor Franz »Bulle« Roth das Tor zum 3:3-Ausgleich gelang. Nun wurde der Druck der Münchner immer stärker, doch Gerd Müller verpasste gleich zweimal in aussichtsreicher Position. In der 83. Minute aber war der »Bomber der Nation« zur Stelle und entschied dieses erste Aufeinandertreffen doch noch für die »Sektion West«. »Ich habe den Eindruck, dass einige meiner Spieler diese Begegnung wohl zu leicht genommen haben«, schimpfte Trainer Udo Lattek nach der Partie.

Der Meistermacher war es auch, der mit einem taktischen Schachzug das Rückspiel zu Gunsten der Bayern entschied, denn Lattek zog Gerd Müller zunächst ein Stück zurück und stellte überraschend Uli Hoeneß in die vorderste Sturmspitze. Dynamo aber hatte seinen besten Abwehrspieler Siegmar Wätzlich gegen Müller aufgestellt, und Uli Hoeneß hatte es mit Eduard Geyer zu tun. Der spätere Auswahltrainer der DDR und Bundesligatrainer in Cottbus hatte einen schwarzen Tag erwischt, denn schon in der ersten Viertelstunde war ihm Hoeneß viermal entwischt und hatte zweimal da-

Einmarsch im Dynamo-Stadion: Schiedsrichter Wurz aus Frankreich leitet die Partie, Beckenbauer (r.) und Ganzera (l.) sind die Kapitäne der Mannschaften

Besser geht's nicht: Uli Hoeneß lässt Siegmar Wätzlich aussteigen. 1:0 für die Bayern

bei auch das Tor getroffen. Bayern führte mit 2:0, und die 35 000 Anhänger im Stadion glaubten schon an ein schnelles Ende der Dynamo-Träume vom Einzug in das Viertelfinale.

Wie in München aber bewiesen die Dresdner großartige Moral und drehten das Spiel um. Ausgerechnet Abwehrmann Wätzlich machte kurz vor dem Seitenwechsel noch den wichtigen Anschlusstreffer zum 1:2. Dann glich Schade aus (52.), und Reinhard Häfners Treffer vier Minuten später zum 3:2 ließ die Dynamo-Fans wieder an das Wunder glauben. Denn mit diesem Ergebnis wären nun die Gastgeber weitergekommen.

Wie so oft in den siebziger Jahren war da aber noch Gerd Müller und sein Auftritt in der 58. Minute. Dank seines Tores zum 3:3 zogen die Bayern doch noch in die nächste Runde ein, wo sie wieder Mannschaften aus dem Osten, erst ZSKA Sofia (4:1, 1:2) dann Dosza Budapest (1:1, 3:0) zugelost bekamen.

Noch aufregender als das Rückspiel waren allerdings die Szenen vor der Partie gewesen. Alles hatte mit Einreisebeschränkungen der DDR für Journalisten begonnen. Günter Wiese, der Vizepräsident des Deutschen Sportpresseverbands (VDS), hatte vom Ministerium für Auswärtige Angelegenheiten der DDR mitgeteilt bekommen, dass eine Einreise am Montag für Journalisten nicht in Frage käme. Zehn der 65 Berichterstatter sollten am Montag, der Rest erst am Dienstag zugelassen werden. Als Begründung wurde von offizieller Seite vermeldet, dass durch einen Ärztekongress in Dresden alle Hotels ausgebucht seien.

Bayern-Boss Wilhelm Neudecker war über dieses Verhalten außer sich und schickte Telegramme an die UEFA, Dynamo Dresden, den DFB und an beide Ministerien mit folgendem Inhalt: »Ich fordere Sie hiermit auf, dafür zu sorgen, dass die Berichterstatter ihren Anträgen entsprechend am Montag einreisen können.« Und in seiner Verärgerung ging der Präsident noch weiter und ließ die UEFA prüfen, ob bei einer Ablehnung seiner Forderung nicht das Spiel in ein neutrales Land verlegt werden könnte.

Das war eine Ohrfeige für die Fußballfans im Osten, die sich so sehr auf diesen ersten Auftritt einer westdeutschen Mannschaft im Europacup gefreut hatten. Doch es sollte noch schlimmer kommen, denn der Bus war bereits auf dem Weg nach Dresden, als Neudecker und Robert Schwan den Fahrer hinter Nürnberg-Feucht auf einmal anhalten ließen und den Spielern sowie den 14 mitgereisten Journalisten verkündeten: »Wir bleiben hier, machen ein Trainingslager in Hof und reisen erst am Spieltag an.«

Das führte auch auf der anderen Seite der Mauer zu heller Aufregung, denn vor dem geplanten Mannschaftshotel Interhotel Newa standen stundenlang Hunderte von Fans, die von Polizeiketten zurückgedrängt wurden.

Keine Pfiffe

Die Stimmung beim Rückspiel war eine ganz besondere. Selbst eingefleischte Fans erinnern sich: »Normalerweise wird hier jeder Gegner ausgepfiffen, vor allem schon bei der Vorstellung der Namen. Ganz egal, ob die aus Jena, Liverpool oder Turin kommen. Doch diesmal war das eine ganz besondere Atmosphäre. Keiner pfiff die Bayern aus, keiner verhöhnte den Gegner.«

Die Bayern bezogen ihr Quartier im Hotel Strauß in Hof und reisten erst am Spieltag nach Dresden. Gegen 11 Uhr passierten sie die Grenze und erst drei Stunden vor dem Anpfiff rollte der Bus vor den Eingang des Interhotel Newa. Doch sie verspielten viele Sympathien, vor allem bei denen, die stundenlang im Rededuell mit den Vopos ausgeharrt hatten, um einen Blick zu erhaschen. Jahrelang hatte man auf diese Gelegenheit gewartet, und jetzt würdigten die Fans ihre Helden nicht einmal eines Blickes.

Und so gewannen die Münchner zwar knapp diesen ersten deutsch-deutschen Vergleich, verprellten aber viele Anhänger.

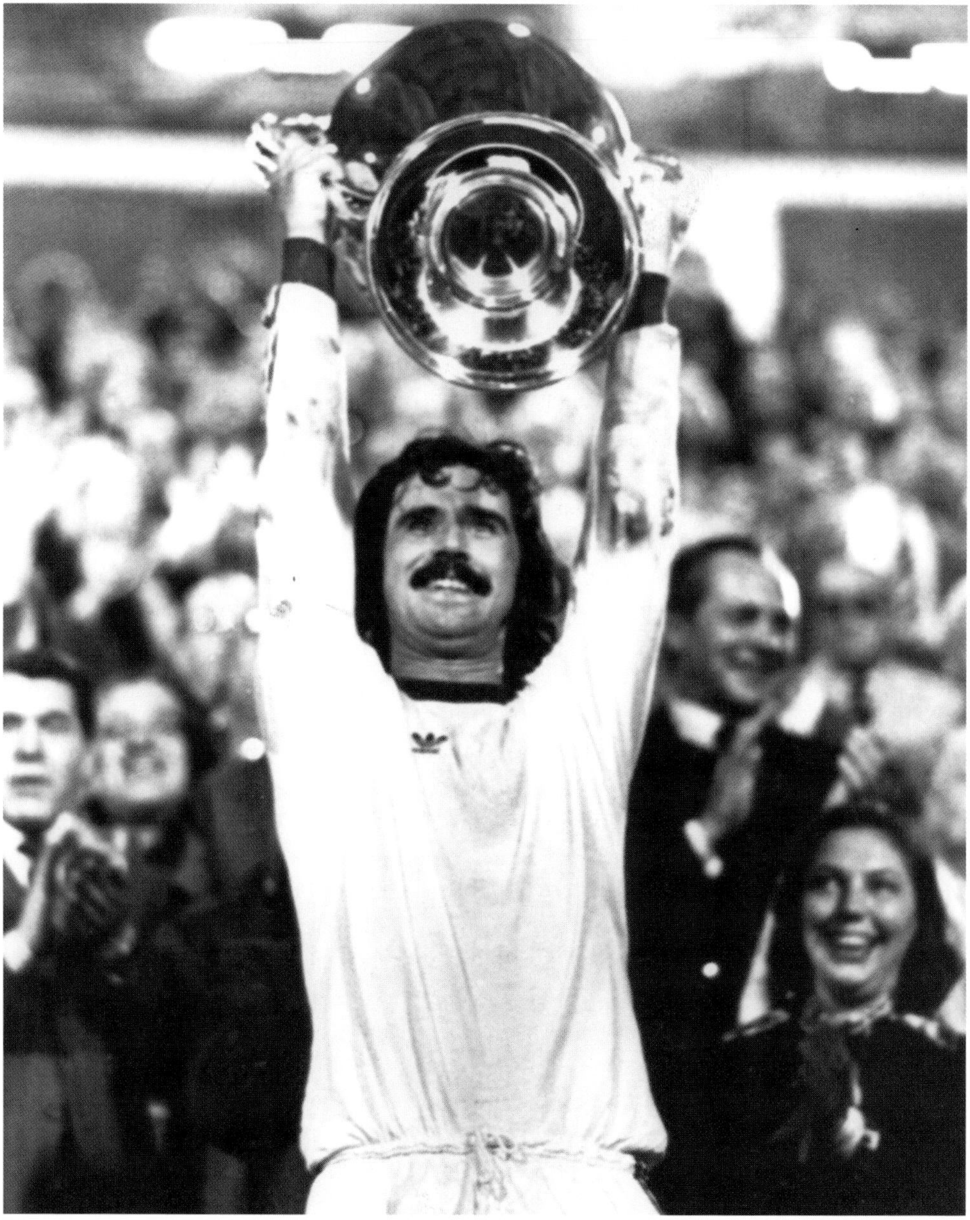

15. und 17. Mai 1974 in Brüssel

Bayern München – Atletico Madrid 1:1, 4:0

Der Beginn der Bayern-Ära: Triumph nach 210 Minuten

Den Europacup hatten die Franzosen erfunden, die Spanier (dank Real Madrid) am häufigsten gewonnen, die Italiener jahrelang beherrscht – aber es war kein Cup der Deutschen.

Nur die Frankfurter Eintracht hatte es 1960 geschafft, überhaupt mal das Finale zu erreichen. Da reklamierte der deutsche Fußball eine Unterlegenheit für sich, weil es in Italien oder Spanien eben Profis gab, in Deutschland aber nur Feierabend-Fußballer. Auch ein Grund, warum vor allem Sepp Herberger auf die Einführung einer Profiliga drängte. Doch auch mit Einführung der Bundesliga wurde es nicht besser: Jeweils drei deutsche Bewerber flogen in der Qualifikation, im Achtel- und Viertelfinale raus. Das Pech klebte aber nur den Kölnern (1965) und den Gladbachern (1971 und 1972) an den Stiefeln. Ansonsten entsprach das Erreichte durchaus dem Leistungsniveau.

Schon merkwürdig: Die Nationalelf war der Stolz der Deutschen. Weltmeister 1954, Vizeweltmeister 1966, Europameister 1972. Aber auf Vereinsebene wollte einfach kein Titelgewinn gelingen.

Deshalb hatte Bayern-Präsident Wilhelm Neudecker die Parole ausgegeben: »Wir wollen diesen Pott.« Denn so schön glänzte der Pokal der Pokalsieger aus dem Jahr 1967 nun auch wieder nicht in der Säbener Straße. Zweimal schon waren die Bayern früh gescheitert. 1969 in Runde eins an St. Etienne und 1973 im Viertelfinale an jener Elf, die zu der Zeit Europa beherrschte: Ajax Amsterdam. Mit 4:0 waren Maier, Beckenbauer und Müller in Holland geradezu vorgeführt worden. Sepp Maier war dermaßen frustriert, dass

Im zweiten Anlauf: Gerd Müller, der zweifache Torschütze, mit der Trophäe, um die es ging

er die Handschuhe noch nachts aus dem Hotelfenster feuerte. Auch der 2:1-Sieg im Rückspiel war nur ein schwacher Trost. Ajax dominierte den Vereinsfußball und holte sich zum dritten Mal in Folge die europäische Krone.

Doch nun gab es das große Ajax nicht mehr. Johan Cruyff war der Millionen-Offerte aus Barcelona erlegen und holte dann auch sein Mittelfeld-Pendant Johan Neeskens nach. Trainer Stefan Kovacs war nach Frankreich abgewandert.

Die Zeit war reif für einen Machtwechsel. Auch für die Bayern? Wilhelm Neudecker hatte verstanden, wie das Geschäft der Zukunft funktioniert. Er hatte auf das Mittel gesetzt, das im modernen Profizirkus als offizielle Sprache gilt: Geld! Legendär sind seine Auftritte in Halbzeitpausen. Während die Spieler nach einem Rückstand mit hängenden Köpfen auf den Holzbänken saßen, kam kurz und knapp das Präsidenten-Stakkato: doppelte Siegprämie.

Für den Europacup-Sieg hatte er die für damalige Verhältnisse gigantische Prämie von 30 000 Mark pro Mann ausgelobt. Selbst die Spanier, finanziell der Bundesliga um Längen überlegen, boten nur 22 000 Mark. Das Abenteuer Brüssel konnte beginnen.

Doch zunächst ein Schock. Als alle bereits im Flugzeug saßen, sorgte eine Bombendrohung für Aufregung. Die Charter-Maschine der Fluggesellschaft Bavaria musste geräumt werden, Panzerspähwagen rückten an. Zum Glück war es ein Fehlalarm. Als die Maschine endlich in der Luft war, geriet sie auch noch in ein Gewitter.

Dann endlich konnte das große Spiel beginnen. Und die Münchner galten als Favorit, als sie am 15. Mai 1974 ins Brüsseler Heyselstadion einliefen. 57 000 Zuschauer warteten voller Anspannung auf den ersten deutschen Sieg im Europapokal der Landesmeister.

So begannen sie dann auch. Zielstrebig und geradlinig bestürmten sie das Atletico-Gehäuse, das von Torwart Reina gehütet wurde. Udo Lattek hatte zuvor prophezeit, dass die Spanier konditionell Probleme hätten und immer mehr nachlassen würden. Eine Fehldiagnose. Denn in der zweiten Halbzeit übernahm Atletico mehr und mehr die Initiative, bestimmte das Tempo und drückte die Bayern zurück. Der deutsche Spielwitz, in der Bundesliga so oft demonstriert, war wohl in der Kabine geblieben. Zu groß die Angst vor der Blamage. Bis auf Franz Beckenbauer erreichte kein Münchner Normalform. Daran änderte auch das aufmunternde Transparent »Lasst die Toreros geistern, Bayern wird sie meistern« nichts.

Mit Glück und dank Sepp Maier retteten sich die Münchner in die Verlängerung. Doch auch da ließen die Spanier nicht nach. Und die Uhr lief ... Noch sechs Minuten. Mit großem Einsatz warf sich Johnny Hansen dem Spanier Becerra entgegen, der nach 68 Minuten für Ufarte ins Spiel gekommen war. Freistoß an der Strafraumgrenze. Großalarm in der Bayern-Abwehr. Denn die Künste von Luis, dem brasilianischen Spielmacher bei Real, hatten sich auch bis München herumgesprochen. Sepp Maier stellte seine Abwehrmauer. Sechs Mann in Reih und Glied aufgereiht. Es half nichts. Luis zirkelte den Ball über die Bayern-Mauer. Unhaltbar schlug die Kugel im Dreieck über Sepp Maier ein. Sechs Minuten vor Schluss das erlösende Tor für die Spanier.

Schon stimmten sie Jubelgesänge an. Die Reporterstimmen überschlugen sich. »Gol, gol, gol!« Brüssel war plötzlich fest in spanischer Hand. Die Reaktion der Bayern war wütend, aber nicht lähmend. Sie berannten das Tor der Spanier, hatten aber keine klaren

Die Bayern im Atletico-Trikot. Es jubeln (v.l.) Sepp Maier, Georg Schwarzenbeck, Franz Roth, im Sprung, und Johnny Hansen

Torchancen. Und der Uhrzeiger tickte unermüdlich gegen die Münchner.

Noch 100 Sekunden. Da passt »Bulle« Roth den Ball zum aufgerückten »Katsche« Schwarzenbeck. Der läuft ein, zwei, drei Schritte, findet keine Anspielstation. Er fasst sich ein Herz: Aus dreißig Metern zischt der Ball flach und scharf auf das spanische Tor zu, durch unzählige Abwehrbeine. Torwart Reina ist die Sicht versperrt. Zu spät sieht er, was da auf ihn zukommt. Und ehe er die Ecke ahnt, zappelt das Leder unten links im Netz.

Unglaublich: Ausgerechnet »Katsche« Schwarzenbeck bewahrte Sekunden vor dem Abpfiff die Bayern vor dem drohenden Aus. Das 1:1 in der 120. Minute. Er selbst erzählte es so: »Ich wusste, dass das Spiel in wenigen Sekunden zu Ende sein würde. Ich habe nicht gezielt, sondern einfach drauf gehauen. Ich hab Glück gehabt und voll getroffen.«

Zum ersten und einzigen Mal in der Europacup-Geschichte musste ein zweites Endspiel über den Sieg entscheiden. Erst im Jahr darauf konnte ein Elfmeterschießen über Sieg und Niederlage richten.

Die Bayern bekommen eine zweite Chance. Nur zwei Tage später der zweite Versuch, Europas Thron zu erklimmen. Und Udo Lattek vertraut denselben elf Spielern: Sepp Maier im Tor, Breitner und Hansen als Außenverteidiger, in der Mitte Beckenbauer und Schwarzenbeck. Im Mittelfeld die Arbeitsbienen Zobel und Kapellmann, vor der Saison für die Rekordablösesumme von 800 000 Mark aus Köln gekommen. Dazu das Kraftpaket »Bulle« Roth und der pfeilschnelle Uli Hoeneß. Im Angriff Gerd Müller und Conny Torstensson.

Die Bayern nehmen die Euphorie des späten Tores mit in diese Partie und werfen alles über den Haufen, was noch im ersten Spiel galt: Da waren sie glücklicher, nicht besser. Jetzt aber sind sie nicht nur besser, sondern in jeder Beziehung überlegen. Schneller, spritziger, nervenstärker, spielfreudiger. Und topfit.

Uli Hoeneß, zu der Zeit einer der besten Konterspieler der Welt, zog nach 28 Minuten mit einer herrlichen Vorlage von Paul Breit-

Georg Schwarzenbeck

Münchner Au, Ohlmüllerstraße 8. Hier bedient Sie Hans-Georg Schwarzenbeck noch heute in seinem Zeitungs- und Schreibwarenladen, den er von seiner Tante geerbt hat.
Seit dem 15. November 1979, als seine Achillessehne riss, hat er mit dem Fußball nichts mehr zu tun und drängt nicht nach Rampenlicht.
Das war auch schon zu aktiven Zeiten so. »Putzer vom Kaiser« haben sie ihn genannt, weil er für die Drecksarbeit bei den Bayern zuständig war, damit Franz Beckenbauer das Offensivspiel ankurbeln konnte. Beide spielten ihre Rolle so perfekt, dass sie gemein-

ner von der Mittellinie aus los und ließ sich auch von Torwart Reina nicht stoppen. Überlegt schob er den Ball zum 1:0 in die lange Ecke. »Dran bleiben, Tempo machen«, brüllte Udo Lattek von der Seitenlinie. Und die Bayern machten Tempo, dass Atletico Hören und Sehen verging. Das 1:0 zur Pause war noch schmeichelhaft für die Spanier. Doch dann spielten sich die Münchner in einen Rausch. Kapellmann setzte sich auf der linken Seite durch und flankte gezielt auf den in der Mitte postierten Gerd Müller. Der nahm den Ball mit der Brust an und jagte ihn dann unter die Latte.

Doch der Torhunger war damit noch nicht gestillt. Der läuferisch und auch spielerisch überragende Rainer Zobel bediente Gerd Müller, der mit einem Loop wie im Tennis über Torhüter Reina hinweg das 3:0 erzielte (70.). Und den Schlusspunkt setzte Uli Hoeneß (82.), als er von der Mittellinie aus loszog, Adelardo, Eusebio und Reina umkurvte und den Ball dann lässig über die Linie stupste. Für viele ein »Tor des Jahres«, weil es Kraft, Schnelligkeit und Eleganz in einem Bewegungsablauf beinhaltete. 4:0, ein überzeugender, ja überragender Erfolg. Erstmals hatte eine deutsche Mannschaft Europas Krone gewonnen. Und dieser Sieg sollte der Beginn einer neuen Ära werden, der Bayern-Ära.

Schon am Samstag zuvor hatten die Münchner die deutsche Meisterschaft perfekt gemacht. Keine 24 Stunden nach dem 4:0 von Brüssel gab es eine Lehrstunde. Doch dieses 0:5 von Gladbach hatte nur noch statistischen Wert.

Als die Bayern in Riem landeten, säumten Tausende die Straßen bis zum Marienplatz. Niemals zuvor und niemals danach wurden Fußballhelden in München so triumphal empfangen. Die Menschen standen am Straßenrand Spalier und klatschten begeistert Beifall, als ihre Lieblinge in Cabrios durch die Innenstadt rollten. Und auf dem Marienplatz wurde ein Transparent ausgerollt mit den Worten: »Katsche, Du bist der Größte!«

Übrigens: Sechs Bayern machten nur sieben Wochen später das »Triple« perfekt. Nach Meisterschaft und Europacupsieg wurden Maier, Beckenbauer, Schwarzenbeck, Breitner, Hoeneß und Müller auch Weltmeister.

sam alles gewannen, was es zu gewinnen gab: Weltmeister, Europameister, Deutscher Meister, Europacup-Sieger, Pokalsieger. »Katsche« brachte es auf 44 Länderspiele. Im Mittelpunkt stand er nur ein einziges Mal: An jenem 15. Mai 1974, als er mit seinem 30-Meter-Tor den Grundstein dafür legte, dass der FC Bayern auch in Europa die Nummer 1 wurde. Völlig überrascht über den plötzlichen Rummel um sein Tor stammelte er nur: »Warum hot denn der Gerd des Tor net g´schossen? I bin doch koaner für große G´schicht´n.«

28. Mai 1975 in Paris

Bayern München – Leeds United 2:0

Die Meisterleistung von Fußball-Professor Cramer

Die Bayern 1975 – der Zerfall einer großen Mannschaft. Paul Breitner war zu Real Madrid abgewandert. Der Ärger auf dem Fest-Bankett nach dem WM-Triumph 1974 hatte auch Gerd Müller erfasst: »Nie mehr für Deutschland.« Und Franz Beckenbauer stöhnte: »Wir haben über 100 Spiele in den Knochen, unser Akku ist leer.«

Der Start in die Bundesliga zeigte, wie leer die Köpfe wirklich waren. Und wie ausgelaugt die Körper. Das 0:6 bei den Offenbacher Kickers galt zunächst als Sensation und einmaliger Ausrutscher, war allerdings nur ein frühzeitiges Zeichen für den neuen Trend: Der FC Bayern war nicht mehr in der Lage, um den Meistertitel mitzuspielen. Zu Weihnachten zog Wilhelm Neudecker die Reißleine und feuerte Erfolgstrainer Udo Lattek nach drei Meisterschaften und dem Gewinn des Europapokals. Nervenflattern in München.

Dettmar Cramer, Entdecker von Franz Beckenbauer und dessen fürsorglicher Fußball-Vater, übernahm das Zepter. Zwar konnte auch der Fußball-Professor die lahmen Beine nicht mehr schneller machen, aber die Sinne für den Europacup schärfen: Wenn´s drauf ankam, waren die Bayern noch immer in der Lage, großen Fußball zu zeigen. Mit Kraft, Kampfgeist, Willen und der inzwischen angeeigneten Routine. 2:0 und 0:1 hieß es im Viertelfinale gegen Ararat Eriwan, 0:0 und 2:0 im Halbfinale gegen den AS St. Etienne. Die größte Hürde hatte sich in der zweiten Runde aufgebaut: Mit dem 1. FC Magdeburg ausgerechnet wieder ein Ost-Klub. Ausgerechnet mit Torjäger Jürgen Sparwasser, der erst Monate zuvor das denk-

Oben:
Hürde in der zweiten Runde. Gerd Müller erfolgreich in Magdeburg gegen Ulrich Schulze (l.) und Wolfgang Abraham (Horstmüller)
Unten:
Erfolg im Finale gegen Leeds. Jupp Kapellmann mit dem Cup

würdige 1:0 in der WM-Vorrunde erzielt hatte und damit den vielleicht größten historischen Erfolg des DDR-Fußballs.

Die Voraussetzungen waren grundverschieden: Magdeburg führte die Oberligatabelle souverän mit 17:1 Punkten an, während die Bayern kriselten. Entsprechend trumpfte Magdeburg in München auf. Durch ein Eigentor von Hansen (1.) und einen Treffer von Jürgen Sparwasser lagen die Bayern bei Halbzeit mit 0:2 zurück. Alles schien aus. Aber so wollten sich diese Bayern nicht geschlagen geben. Gerd Müller verwandelte zunächst einen umstrittenen Elfmeter zum Anschlusstor. Dann gelang ihm nach traumhaftem Doppelpass mit Beckenbauer der Ausgleich. Und die Bayern drückten weiter. So sehr, dass Magdeburgs Enge ein Eigentor fabrizierte, das den 3:2-Sieg perfekt machte.

Im deutsch-deutschen Duell des Achtelfinales: der Magdeburger Jürgen Sparwasser (l.) gegen »Katsche« Schwarzenbeck (Horstmüller)

Das Rückspiel in Magdeburg gehört zu jenen Europacup-Highlights, von denen eingefleischte Bayern-Fans noch heute schwärmen. Obwohl es auch hier wieder Ärger gab: Der mitgereiste Bayern-Koch durfte die Hotelküche nicht betreten, bereitete daraufhin sein Mahl im Bus zu und lud die Spieler hier zu Speis und Trank. Tausende von DDR-Bürgern schauten zu, freundlich winkten die Spieler zurück. Aber in beiden Teilen Deutschlands hagelte es daraufhin Kritik. Die Bayern wurden als arrogant, verletzend und dumm bezeichnet.

Auf dem Rasen aber zeigten sich die Bayern von ihrer besten Seite. Aus einer dicht gestaffelten Abwehr setzten sie eiskalt und brillant zum Konterfußball an. Angetrieben von einem Uli Hoeneß der Extraklasse verwandelte Gerd Müller zwei dieser Tempo-Gegenstöße zum 2:0-Vorsprung. Zwar gelang Jürgen Sparwasser per Kopfball der Anschlusstreffer, doch die Bayern schienen die Partie jederzeit im Griff zu haben. Selbst eine Ellenbogen-Attacke an Sepp Maier wehrten sie souverän ab: Maier zog sich kurzerhand den wackelnden Schneidezahn, stopfte sich ein Taschentuch in den blutenden Mund und spielte weiter. Diese Bayern waren einfach zu clever für die DDR-Fußballer. Der Sieg fand überall Anerkennung.

Die Bayern hatten also erneut das Finale erreicht. Doch diesmal war die Ausgangsposition ganz anders als im Vorjahr. Nicht nur,

Zwei Glückliche in Paris – die Bayern Josef Weiß (l.) und Klaus Wunder (Horstmüller)

dass mit Leeds United ein geradezu übermächtiger Gegner auf die Münchner wartete. Es war für sie auch die letzte Gelegenheit, weiterhin im internationalen Geschäft zu bleiben. In der Bundesliga hatte es nur zu Platz 10 gereicht, im DFB-Pokal waren die Bayern in der dritten Runde im heimischen Olympiastadion mit 2:3 am MSV Duisburg gescheitert. In Paris ging es um die Zukunft der großen Mannschaft. Nur durch zusätzliche Europacup-Einnahmen waren Beckenbauer, Müller oder Maier weiterhin bezahlbar.

Fußball-Professor Dettmar Cramer leistete Maßarbeit. »Wir kennen Leeds besser als uns selbst«, stöhnte Franz Beckenbauer. Trotzdem galt Leeds United als haushoher Favorit. In der Vorschlussrunde hatten die Briten keinen Geringeren als den FC Barcelona ausgeschaltet. Jene Elf, die auf die Kraft der Holländer setzte und

die Ajax-Blüte zu kopieren versuchte. Mit Cruyff, dem unglücklichen Verlierer des WM-Finales, mit Neeskens und mit Trainer Rinus Michels. 2:1 und 1:1 gewann Leeds und untermauerte damit die Ansprüche auf Europas Thron. 13 Nationalspieler aus England, Wales, Schottland und Irland bildeten ein schlagkräftiges und selbstbewusstes Team. Dazu kamen die überragenden Einzelspieler Jordan und Bremner. Joe Jordan war ein ebenso langer wie torgefährlicher Mittelstürmer. Und Rotschopf Billy Bremner als Antreiber, Motor, Spielmacher die Seele des Leeds-Spiels.

Für ihn hatte sich Dettmar Cramer etwas Besonderes einfallen lassen: Er hatte den Schweden Björn Andersson mit der Sonderbewachung beauftragt. Ein taktisches Konzept, das nur für Minuten aufging. Denn die Engländer gingen mit brutaler Härte zur Sache. Schon nach drei Minuten trat Mittelfeldspieler Yorath den am Boden liegenden Schweden mit voller Wucht gegen das Knie. Andersson

Nach vollbrachter Tat: die Siegermannschaft von Paris (Horstmüller)

wälzte sich schreiend vor Schmerzen im Gras. Innen- und Kreuzbänder waren gerissen. Auch nach der Operation blieben zunächst Zweifel, ob Andersson jemals wieder Fußball würde spielen können. Dieses brutale Foul strafte Schiedsrichter Kitabdjan aus Frankreich noch nicht einmal mit einer Gelben Karte.

Das animierte die Engländer weiter zu ihrem körperbetonten, geradezu rücksichtslosen Spiel. Das nächste Opfer hieß Uli Hoeneß. Er humpelte nach einer fast gemeingefährlichen Attacke von Gray nach 42 Minuten vom Feld. Auch er hatte einen Schlag gegen das Knie bekommen. Es war der Anfang vom Ende einer Blitzkarriere. Seither quälte sich Uli Hoeneß immer wieder mit Knieproblemen herum, wurde anschließend erstmals am Meniskus operiert.

Aber die Bayern ließen sich nicht provozieren. Sepp Maier hielt seinen Laden dicht, hielt, was nur zu halten war. Und der für Andersson eingewechselte Nobody namens Sepp Weiß machte das Spiel seines Lebens, nahm Billy Bremner die Luft zum Atmen. Und als der in der 65. Minute auch noch frei stehend an Sepp Maier scheiterte, schien der Regisseur zu resignieren.

Unglaublich war der Druck, den Leeds entfachte. Angriff auf Angriff rollte auf das Bayern-Tor. Doch Maier und Beckenbauer wuchsen über sich hinaus, stemmten sich dagegen. Kaum einmal ein Entlastungsangriff der Bayern, alle waren sie in Abwehraufgaben eingebunden. Und dazu kam das Glück. Bei einem Foul von Beckenbauer an Lorimer blieb der berechtigte Elfmeter-Pfiff aus. Als Lorimer in der 66. Minute doch endlich traf, entschied das Schiedsrichter-Gespann auf Abseits. Daraufhin drehten die englischen Fans im Pariser Prinzenparkstadion durch. Sie rissen Plastiksitze aus der Verankerung, warfen sie über den Zaun hinweg aufs Spielfeld. Und Flaschen flogen gleich hinterher.

Ein Hexenkessel, in dem die Bayern trotzdem die Nerven behielten. Und eiskalt zuschlugen. Torstensson schickte »Bulle« Roth. Nur noch Gerd Müller war mitgelaufen. Dafür sieben Abwehrspieler von Leeds. Doch Roth setzte sich durch, drängte Hunter ab, schoss aus 14 Metern mit seinem schwächeren Fuß. Und Torwart Stewart hatte sich verschätzt, die lange Ecke geöffnet, die Roth eiskalt anvi-

sierte. 1:0 nach 72 Minuten, der Spielverlauf war vollends auf den Kopf gestellt, Leeds demoralisiert und geschlagen. In der Schlussminute setzte Gerd Müller in seiner unnachahmlichen Art noch das 2:0 drauf – es war sein einziger Torschuss in den 90 Minuten von Paris.

Den zweiten Sieg hintereinander verdankten die Bayern ihrem Fußball-Professor. Selten hatte ein Trainer so großen Anteil an einem Mannschaftserfolg. Mit seiner ausgefeilten Defensiv-Taktik zog er den überlegenen Engländern den Zahn. »Wir wussten«, so Dettmar Cramer, »dass die Briten die stärkere Mannschaft sind. Deshalb bestand unsere einzige Chance in dem Versuch, aus der Defensive heraus mit überfallartigen Kontern zum Erfolg zu kommen.« Auch die Mannschaft wusste, bei wem sie sich zu bedanken hatte. Sepp Maier: »Dieser Sieg gebührt allein Cramer.« Und ihm, der »Katze von Anzing«, der mit unglaublichen Reflexen dafür gesorgt hatte, dass sein Kasten sauber blieb. »Weltklasse« urteilte die europäische Presse über ihn und über Franz Beckenbauer, der sich von der harten Gangart der Engländer düpiert fühlte: »Leeds war die unfairste Mannschaft, gegen die ich je gespielt habe. Sie und ihre unmöglichen Fans passen zusammen. Sie sollen künftig auf ihrer Insel bleiben und uns nicht mehr belästigen.«

Die englischen Fans wüteten wie Vandalen in der französischen Hauptstadt. Die Bilanz des Wütens: 33 Verletzte, Diebstähle, Sachbeschädigung, Körperverletzung. Der britische Botschafter entschuldigte sich tags darauf via Fernsehen bei den Franzosen: »Ich habe mich geschämt, britischer Bürger zu sein.«

Die Hooligans der Siebziger: Fans aus Leeds gegen Ordner aus Frankreich (Horstmüller)

12. Mai 1976 in Glasgow

Bayern München – AS St. Etienne 1:0

Der Titel-Hattrick, den keiner mehr feiern wollte

In der Bundesliga hatten sich die Machtverhältnisse längst verschoben. Hier brillierte Borussia Mönchengladbach, inzwischen trainiert von Udo Lattek. Und Fußball-Deutschland war gespalten zwischen zwei Fußball-Philosophien: Gladbach spielte schnell, schön, attraktiv, begeisternd. Die Bayern dagegen kalt, clever, berechnend und kühl. Aber dieser Stil hatte sich in Europa durchgesetzt. Die Gladbacher waren immer wieder gescheitert. Beide durften im Meistercup antreten: Gladbach als Deutschlands Champion, die Bayern als Titelverteidiger.

Gladbach schickte sich nun an, auch Europa zu stürmen. Im Achtelfinale hatte Juventus Turin keine Chance und schied mit 0:2

Das Tor des Tages auf dem Weg zum dritten Landesmeister-Titel. Uli Hoeneß (ganz links) und Gerd Müller (3.v.l.) drehen ab, Franz Roth hat den Treffer erzielt

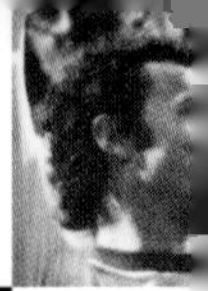

und 2:2 aus. Mario Causio, der Mittelfeld-Stratege der Italiener, schwärmte daraufhin: »Gladbach ist eine Spitzenmannschaft, die derzeit beste in Europa. Da stimmt einfach alles, im Sturm, im Mittelfeld und in der Abwehr.«

Kapitän Franz Beckenbauer mit der Trophäe

Der nächste Brocken im Viertelfinale: Real Madrid, verstärkt durch die Deutschen Günter Netzer und Paul Breitner. Gladbach schied aus. In einem Spiel, das noch heute als vielleicht größter Betrug im Europacup gilt.

Im Düsseldorfer Rheinstadion gab es ein 2:2. 68 000 sahen einen Blitzstart, das 1:0 nach 70 Sekunden durch Henning Jensen, das 2:0 durch Jürgen Wittkamp nach 27 Minuten. Glücklich der Ausgleich für Real. Erst griff Kleff daneben, ermöglichte so Martinez das Anschlusstor. Nach Doppelpass mit Netzer gelang Pirri noch der Ausgleich. Die Entscheidung musste in Madrid fallen. 120 000 Zuschauer im Bernabeu-Stadion sahen eine begeisternde Borussia und einen holländischen Schiedsrichter namens Leo van der Kroft, der Gladbach aus dem Wettbewerb beförderte. Nach dem 1:0 durch Jupp Heynckes begann das Festival der Fehlentscheidungen: Der Freistoß, den Santillana zum 1:1 verwandelte, war unberechtigt. Ein sehenswerter Treffer von Jensen nach Doppelpass mit Klinkhammer wurde annulliert wegen angeblicher Abseitsstellung. Neun Minuten vor Schluss traf Wittkamp, doch der Linienrichter wollte ein »Handspiel am anderen Ende des Strafraums« beobachtet haben. Das 1:1 bedeutete das Aus für Gladbach. Doch selbst Real-Trainer Miljanic schwärmte: »Die Leistung von Gladbach war sensationell. Da kommt sogar die deutsche Nationalmannschaft nicht mit, ein Spiel fürs Lehrbuch.« Eindeutig bewiesen die Fernsehbilder die Fehlentscheidungen, die gesamte europäische Presse bemitleidete die Verlierer. Und Borussen-Kapitän Berti Vogts fluchte: »Der Europapokal ist käuflich, also von keinem großen Wert.«

Real wurde in der nächsten Runde gegen die Bayern ausgelost. Noch nie hatten die Münchner so viele Sympathisanten in Deutschland wie diesmal: Sie sollten das Gladbacher Unrecht rächen.

Die Bayern hatten ihren Durchhänger vom Vorjahr überwunden und spielten wieder um den deutschen Titel mit. Anfangs stotterte dafür der Motor im Europacup: Gegen Jeunesse Esch gab es noch ein leichtes 5:0 und ein 3:1, doch schon in Runde zwei drohte gegen Malmö FF das Aus. Auch weil sich Gerd Müller einen schweren Muskelriss zugezogen hatte und fast ein halbes Jahr lang pausieren musste. Nach dem 0:1 in Schweden dauerte es eine geschlagene Stunde, bis ein schmeichelhafter Elfmeter, von Dürnberger verwandelt, endlich für den Ausgleich sorgte. Conny Torstensson erlöste dann mit seinem Treffer die Bayern-Fans und schoss seine schwedischen Landsleute aus dem Wettbewerb.

Gegen Benfica Lissabon war Müller wieder dabei. Doch er musste zunächst im Mittelfeld spielen, um die Defensivtaktik von Dett-

Uli Hoeneß (l.) und Johnny Hansen tragen den Pokal von Glasgow nach München

mar Cramer umsetzen zu helfen. Mit einem 0:0 kehrte Bayern aus dem »Stadion des Lichts« zurück nach München – eine glänzende Ausgangsposition für die zweiten 90 Minuten. Bis zur Halbzeit stand es noch 0:0. Doch im Bayern-Wirbel ging Benfica schließlich unter. Dürnberger (2), Müller (2) und der junge Rummenigge schossen den Weg frei, um Gladbach zu rächen.

Bayern gegen Real, der Knaller im Halbfinale. Real ging in Madrid durch Martinez früh in Führung, der einen Fehlpass des nervösen Udo Horsmann eiskalt ausnutzte. Doch Bayern hatte ja seinen Müller. Noch vor der Pause machte der »Bomber der Nation« den Ausgleich. Kein typisches Müller-Tor diesmal, sondern eine feine Einzelleistung. An der Mittellinie schnappte sich der stämmige Mittelstürmer den Ball, umkurvte auch Torwart Angel und schob überlegt ein. Real, vom glänzenden Netzer angetrieben, konnte die Bayern jetzt nicht mehr in Verlegenheit bringen.

In München scheiterte Real, diesmal mit dem wieder genesenen Paul Breitner, erneut an Gerd Müller. Schon nach acht Minuten knallte er aus 18 Metern sein 50. Europacup-Tor unter die Latte, schob nach einer halben Stunde dem berühmten Pirri den Ball durch die Beine, ließ den gefürchteten Benito aussteigen und machte auch das 2:0. Die Rache für Gladbach war geglückt und die Bayern zum dritten Mal hintereinander im Finale.

Die Bayern hatten nun die Chance zur Unsterblichkeit. Nur Real Madrid und Ajax Amsterdam war es bisher gelungen, dreimal (Real sogar fünfmal) in Folge Europas höchste Vereinstrophäe zu gewinnen. Der Gegner diesmal war der Halbfinalist vom Vorjahr, die französische Elf vom AS St. Etienne. Jetzt waren die Münchner eindeutig Favoriten.

Sicher, die Franzosen hatten die Glasgow Rangers, Dynamo Kiew und den PSV Eindhoven ausgeschaltet. Sie hatten mit Torwart Curkovic, dem dunkelhäutigen Verteidiger Janvion, Spielmacher Larque sowie dem langmähnigen Außenstürmer Dominique Rocheteau herausragende Einzelspieler – aber nicht die Erfahrung und Klasse der Bayern. Nur Horsmann und Rummenigge hatten noch keine Endspiel-Erfahrung.

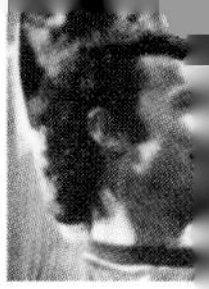

Gerd Müller bejubelt mit Libero Franz Beckenbauer sein Tor zur 2:0-Führung im Halbfinale gegen Real Madrid

Pressestimmen

***L´Equipe* (Frankreich): »St. Etienne hat bezüglich der Zusammenarbeit aller Spieler und der Vielfalt der Angriffszüge eine modernere und bezauberndere Sprache gesprochen als die Bayern. Aber der mitleidlose Realismus der Deutschen hat triumphiert.«**
***Aurore* (Frankreich): »Liegt der Erfolg nicht auch in der Geschicklichkeit, seine Chancen auszuwerten? Und genau auf diesem Gebiet schienen die Deutschen den Spielern aus St. Etienne überlegen zu sein.«**
***The Sun* (England): »Die Münchner sind Diebe. Sie haben zum zweiten Mal hintereinander den Pokal geklaut.«**

Cramer konnte zwar seine beste Elf aufbieten, aber eine stark gehandicapte: Kapellmann spielte trotz fast 38 Grad Fieber, Schwarzenbeck und Hansen waren gerade erst von Krankheiten genesen, Dürnberger fehlte nach einer langwierigen Verletzung noch Spielpraxis und »Bulle« Roth plagte sich mit einer rätselhaften Allergie herum.

Trotzdem begannen die Bayern im Hampdonpark ungewohnt stürmisch. Schon nach zwei Minuten bombte Gerd Müller zum 1:0 ein. Doch der ungarische Schiedsrichter Palotai wollte eine Abseitsstellung gesehen haben. Auch ein Rummenigge-Treffer wurde nicht anerkannt, weil der Schiedsrichter übersah, dass der Ball die Linie überschritten hatte.

Dann kamen die Franzosen. Angefeuert von 25 000 Landsleuten (nur noch 3000 Fans hatten die Bayern nach Glasgow begleitet) übernahmen die »Grünen« aus Frankreich die Initiative und drängten die Bayern in die Abwehr zurück. Und immer dann, wenn sich Franz Beckenbauer zu lösen und den Spielaufbau anzukurbeln versuchte, stand ihm ein Franzose auf den Füßen. Dermaßen attackiert und unter Druck gesetzt, unterliefen sogar dem »Kaiser« ungewohnte Fehlpässe.

Und Bayern hatte Glück. Zweimal schon war Sepp Maier geschlagen, zweimal rettete das Gebälk. Bathenay und Santini scheiterten an der Latte. »Den Bayern stand das Glück Pate«, stöhnte Etienne-Trainer Herbin bitter enttäuscht.

Denn es kam, was kommen musste. Eine der nur noch wenigen Chancen nutzten die Münchner eiskalt aus. »Bulle« Roth, sonst mit der Schlüsselrolle betraut, Kapitän und Spielmacher Larque auszuschalten, schlug gnadenlos zu.

Nach einem Foul an Gerd Müller tippte Franz Beckenbauer den Freistoß nur kurz an und hebelte so die Abwehrmauer aus. Mit einem seiner gefürchteten Weitschüsse traf »Bulle« Roth aus 18 Metern. Da gab es für Torwart Curkovic nichts zu halten. Das Tor des Tages in der 57. Minute.

Wieder einmal wurden die Bayern als Glücksritter gefeiert, erneut fühlte sich der Verlierer als moralischer Sieger. Und doch wa-

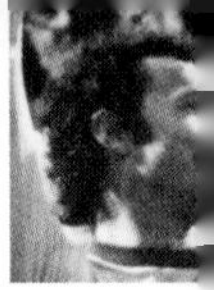

Mit Real und Ajax gleichgezogen: Die Bayern präsentieren das Dreierpack im heimischen Olympiastadion. Nur in der Mitte steht der Echte

ren Maier, Beckenbauer, Schwarzenbeck oder Müller dermaßen überragende Einzelspieler, jeder auf seine Art und Weise Weltklasse. Nur so ist dieser Dreifach-Triumph erklärbar. Und mit der Fähigkeit von Dettmar Cramer, die Mannschaft auf die großen Spiele konzentrieren zu können. Seit diesem 12. Mai 1976 gehört der Cup den Bayern. Als dreimaliger Gewinner durften sie den »Henkelpott« behalten. Er hat einen Ehrenplatz in der Säbener Straße und ist hinter Panzerglas ausgestellt in der Geschäftsstelle.

Euphorie allerdings löste der Titel-Hattrick nicht aus. Es gab keinen Empfang, keine Jubelszenen auf dem Rathaus-Balkon, keine Feier auf dem Marienplatz. Und zum Gratulieren kam nur noch Münchens Zweiter Bürgermeister Gittel.

Das Siegen war zur Gewohnheit geworden. Auch für die Spieler. Die große Mannschaft brach auseinander. Ein Jahr später verabschiedete sich Franz Beckenbauer nach New York. Damit gingen Kopf und Herz des Bayern-Spiels. Und auch der Erfolg.

25. Mai 1977 in Rom

Borussia Mönchengladbach – FC Liverpool 1:3

Kevin Keegan stört Gladbachs Sternstunde

Kaum war die Partie zwischen Borussia Mönchengladbach und Dynamo Kiew abgepfiffen, strömten die Journalisten mit ihren Mikrophonen und Schreibblöcken auf Berti Vogts zu. Der Gladbacher Verteidiger hatte gerade 90 Minuten lang den 10,8-Sekunden-Sprinter (auf 100 Meter) Oleg Blochin in Schach gehalten.

Das war schon die »halbe Miete« (Vogts) im Rückspiel des Halbfinales im Landesmeister-Cup, und trotz einer 0:1-Pleite in

Finale in Rom: Gegen Allan Simonsen (l.) hat Liverpools Phil Neal das Nachsehen

Kiew drehten die Deutschen im Düsseldorfer Rheinstadion den Spieß um und schossen die Ukrainer mit einem 2:0 aus dem Wettbewerb. Vogts über sein Duell mit Blochin: »Oleg war nach Cruyff der stärkste Stürmer, gegen den ich in meiner Karriere gespielt habe.«

Aber die größte Herausforderung erwartete den »Terrier« im Finale der Meister, im Römer Olympiastadion. Dort trafen die Gladbacher an jenem Abend des 25. Mai 1977 auf den FC Liverpool. Ausgerechnet die »Reds« aus der Beatles-Stadt, denn die Engländer waren nun schon seit dreizehn Jahren in Folge in einem europäischen Wettbewerb vertreten und strotzten vor Erfahrung und Selbstbewusstsein. Zumal auch die Statistik gegen die Elf vom Niederrhein sprach, hatte sie vor fast genau vier Jahren gegen den gleichen Gegner im UEFA-Cup-Finale (2:0, 0:3) schon mal den Kürzeren gezogen.

In der Mannschaft aus Liverpool standen nicht weniger als neun Nationalspieler aus England, Irland und Wales, und einer dieser Auswahlkicker war ein Stürmer mit Namen Kevin Keegan. Obwohl das Erreichen des Europapokal-Finales der Landesmeister schon eine der größten Sternstunden für Gladbach war, sorgte dieser dun-

Chancenloser Wolfgang Kneip: In der 28. Minute erzielt McDermott (r.) den Führungstreffer für Liverpool. Berti Vogts (M.) kommt zu spät

Zu spät kommt auch Uli Stielike (r.) im Kopfballduell gegen Tommy Smith

kelhaarige Wuschelkopf in Rom für den wohl schlimmsten Albtraum in der Karriere des Spielers Berti Vogts.

Vor dem Spiel hatte Gladbachs Coach Udo Lattek noch getönt: »Nur Vogts kann Keegan halten.« Kevin Keegan war der Sohn eines Bergbauarbeiters aus dem provinziellen Doncaster (England). Fördertürme, Schornsteine, rußige und dunkle Hinterhöfe, enge Gassen mit windschiefen Häusern bestimmten das Weltbild des jungen Kevin. »Man kann diese Gegend ruhig als Slums bezeichnen«, sagt Keegan heute noch und schämt sich nicht seiner Herkunft. »Es war teilweise schlimm. Wir hatten kein Licht in unseren Häusern. Die Toilette stand im Hinterhof, daneben war Mutters Waschhaus, das gleichzeitig unser Badezimmer war.«

So blieb ihm nichts weiter übrig, als im Alter von 16 Jahren einen Job als Bürogehilfe für 120 Mark im Monat anzunehmen. Durch einen glücklichen Umstand erkannte eines Tages ein Profiklub seine große Fähigkeiten. Scunthorpe United, ein Verein aus der vierten Liga, gab ihm schließlich einen Vertrag. Keegan erinnert sich: »Für sieben Pfund die Woche wurde ich Lehrling in diesem Klub. Ich putzte die Umkleideräume, die Duschen und die Schuhe der Spieler.« Kevin kickte in einer Nachwuchsmannschaft, jobbte nebenbei als Portier in einer Zahnklinik, und als der Stürmer zwanzig Jahre alt wurde, hatte er einen Profivertrag für die erste Mannschaft von United in der Tasche.

Eines Tages fuhr auf dem Klub-Parkplatz einer der größten Trainer der englischen Fußballgeschichte vor – Bill Shankley. Der Meistermacher des FC Liverpool erkannte sofort den ungeschliffenen Fußball-Diamanten und verpflichtete Keegan für immerhin 33 000 Mark. Doch der junge Wuschelkopf wurde bei den »Reds« auf eine harte Geduldsprobe gestellt. Noch setzte Shankley nicht auf die Angriffskünste von Keegan und ließ ihn monatelang auf der Ersatzbank versauern. Aber als die große Chance kam, nutzte Keegan sie und wurde zum Superstar des FC Liverpool.

Am Abend des großen Spiels in Rom wurde dieser wieselflinke Torjäger zum Helden, der das Finale gegen Borussia Mönchengladbach fast allein entschied. Die Gladbacher waren vor diesem

Endspiel sehr zuversichtlich gewesen, hatten sie doch gerade mit einem 2:2 bei Bayern ihre dritte Meisterschaft in Folge und damit den fünften Titel überhaupt gewonnen. Was sollte da gegen Liverpool noch passieren? Der junge Horst Wohlers verkündete siegesgewiss: »Jetzt holen wir den Cup auch an den Niederrhein.«

Aber die Vorschusslorbeeren taten den Gladbachern offensichtlich nicht gut. Ihr Spiel wirkte pomadig, langsam und war einfach zu schlecht, um diese Sternstunde auch mit Glanz und Erfolg zu erfüllen. Die Zuordnung klappte überhaupt nicht, denn kaum ein Spieler hielt seine Position. Frank Schäffer und Horst Wohlers bekamen ihre Gegenspieler nie in den Griff, auch Rainer Bonhof und Jupp Heynckes hatten nicht ihren besten Tag erwischt.

Dann verletzte sich noch Mittelfeld-Antreiber Herbert »Hacki« Wimmer. Es war wirklich nicht der Abend der Borussia und nicht das Spiel von Berti Vogts. Sein Gegenspieler Keegan hatte einen ganz besonderen Lauf, entwischte ihm immer wieder. Er schien einfach gar keine Kenntnis davon zu nehmen, dass Berti Vogts wie eine Klette an seinem Trikot hing.

Die Tore für die Engländer waren eine logische Folge der Liverpooler Dominanz. Schon in der 28. Minute nahm das Gladbacher Unheil seinen Lauf, als Steve Highway an zwei Deutschen vorbeidribbelte und millimetergenau auf Terry McDermott passte.

Die Führung für Liverpool ließ den Deutschen Meister nur für einen Augenblick aus seiner Lethargie aufwachen. Der Däne Alan Simonsen traf aus 16 Metern genau in den linken oberen Winkel des Liverpooler Tores, und diesmal war Ray Clemence chancenlos (51.) Wer aber dachte, dass jetzt die Borussia den Ton angeben würde, sah sich bitter enttäuscht. Denn weiterhin bestimmten die Engländer den Takt und das Tempo des Spiels.

Eine Ecke von Steve Highway landete auf dem Kopf von Veteran Allan Smith, und der Abwehrspieler erzielte in seinem 600. Spiel für die »Reds« das 2:1 in der 65. Minute. Mönchengladbach war an diesem warmen Abend endgültig geschlagen, als Vogts auch noch in der 83. Minute seinen Gegenspieler Keegan im Strafraum von den Beinen holte und Phil Neal den Elfmeter zum 3:1 verwandelte.

Ehrenrunde in Rom: Kapitän Emlyn Hughes voran, das Team hinterdrein

Der Jubel bei den Liverpool-Fans kannte keine Grenzen mehr, denn der Klub war nach Manchester United erst die zweite englische Mannschaft, die den Europapokal der Landesmeister gewann. Doch da war noch das erbitterte, aber doch faire Duell zwischen Berti Vogts und Kevin Keegan, dessen Bewertung höchst unterschiedlich ausfiel: »Bis auf den Elfmeter hatte Kevin keine spielentscheidende Szene gehabt. Vielleicht sah er optisch gut aus, wenn er den Ball annahm. Aber Duelle habe ich mehr gewonnen«, erklärte Berti Vogts doch tatsächlich nach dem Abpfiff. Keegan konterte lächelnd: »Millionen Fernsehzuschauer habe ich als Zeugen. Fragen Sie die doch einfach ...«

Kevin Keegan machte an diesem Abend sein letztes Spiel für Liverpool und wechselte im Sommer für zwei Millionen Mark zum Hamburger SV. Und auch Vogts sollte die Trophäe schon wenige Stunden später doch noch in Händen halten. Berti besuchte die Engländer auf ihrem Sieger-Bankett, gratulierte Keegan zum Erfolg und sagte: »Kevin, lass uns gemeinsam etwas trinken.« Keegan nahm Vogts mit auf sein Zimmer, denn dort stand der Pott. Diese Trophäe füllten sie mit Champagner und tranken gemeinsam daraus.

Irre Aufholjagd gegen Real

Aufstellung Hamburger SV am 23.4.1980:
Kargus, Kaltz, Buljan, Nogly, Hidien, Jakobs, Magath, Memering, Reimann, Hrubesch, Keegan.

Er hatte die Figur eines Bierkutschers. Das rote Trikot spannte sich bedrohlich über seinem Bauch. Die Stummel-Beinchen ragten wie falsch eingehängt aus der Sporthose, und doch sollte John Robertson zum lebenden Albtraum des Hamburger Sportverein werden.

Der Brite mit der Rückennummer »11« hielt sich von Beginn des Europapokalfinales an in der Verteidigung von Nottingham Forest auf und versuchte die stürmischen Angriffe des Hamburger Außenverteidigers Manfred Kaltz zu stoppen. Dann passierte in der 20. Minute etwas, was eingefleischte HSV-Anhänger nie mehr in ihrem Leben vergessen werden.

Der »Dicke mit der Kugel unter dem Hemd« bekam den Ball in der eigenen Hälfte zugespielt und trabte gemächlich mit Ball am Fuß über die Mittellinie. Gegenspieler Kaltz nahm ihn erst gar nicht ernst. Was sollte der Übergewichtige denn schon anstellen? Plötzlich explodierte der Schotte, zündete seinen Turbo und rauschte an drei Deutschen vorbei in Richtung HSV-Tor. Wer hätte jemals gedacht, dass er so schnell sein könnte. Im Strafraum spielte er noch einen Doppelpass und schoss dann den Ball gegen den Innenpfosten. Der Schuss ging ins Netz.

Die Führung für Nottingham gleich im ersten Angriffsversuch, das war eine hundertprozentige Ausbeute. Branco Zebec auf der Bank verzog keine Miene. Denn noch waren rund 70 Minuten zu spielen. Doch mit der Psyche des HSV war es im Mai 1980 nicht besonders gut bestellt.

*Oben:
Flugkopfball durch Horst Hrubesch zur 2:0-Führung gegen Real im Halbfinale. Del Bosque (l.) kann nur zuschauen, Torhüter Remon nicht viel mehr
Unten:
Rudi Kargus im HSV-Tor sieht das Unheil kommen. John Robertson (Nr. 11) mit dem Tor des Tages im Finale gegen Nottingham*

Gerade vier Tage war es her, als die Hamburger beim Aufsteiger in Leverkusen die Chancen auf die Titelverteidigung leichtfertig verspielten. Mit 1:2 ging der Europacup-Finalist am Mittelrhein unter. Bayern München war die Meisterschaft so gut wie sicher. Keine guten Voraussetzung für ein erfolgreiches Finale in Madrid. Der HSV buchte sich im Hotel Monte Real in der spanischen Hauptstadt ein, Manager Günter Netzer hatte dort als Real-Spieler auch schon gewohnt.

Noch am Mittag vor dem Abflug bestätigten Präsident Dr. Wolfgang Klein und Manager Netzer den Wechsel von Franz Beckenbauer aus New York nach Hamburg. Der geplante Transfer des mittlerweile 35-jährigen Liberos von Cosmos New York brachte viel Unruhe in die Mannschaft. Ivan Buljan, der um seinen Platz in der Hamburger Abwehr fürchtete: »Ich bin Profi, ich werde mich auf diese Situation einstellen. Aber ich habe gehört, dass einige Spieler gegen die Verpflichtung von Beckenbauer sind.«

Zurück zum Finale. Nach zwanzig Minuten im Stadion Santiago Bernabeu war die Entscheidung gefallen. Der Treffer des »Bierkutschers« Robertson sollte der einzige Treffer an diesem Abend in der spanischen Hauptstadt bleiben. Nottingham verzichtete völlig auf die Offensive und grub sich in der eigenen Abwehr ein. Der HSV lief ungestüm und kopflos an. Hamburgs Idol Uwe Seeler schimpfte: »Diese Forest-Truppe hat hoffentlich keine Zukunft. Ich hatte den Eindruck, die wollten gar nicht Fußball spielen.«

Glücklicherweise hatten die Roten aus Nottingham einen Teufelskerl zwischen den Pfosten. Peter Shilton hielt alles, was es zu halten gab. Erst warf er sich in einen Freistoß von Felix Magath, dann parierte er einen harten Weitschuss von Jürgen Milewski, und in der zweiten Halbzeit lenkte er einen Ball von Libero Peter Nogly über die Latte.

Und wenn Shilton mal geschlagen gewesen wäre, dann hatten die Engländer auch noch Glück. Einmal rettete das Lattenkreuz nach einem Kaltz-Kracher für den Schlussmann, dann der Pfiff des Schiedsrichters, der einen Treffer von Willi Reimann nicht gab.

Ein Albtraumspiel für den HSV und ausgerechnet das Abschieds-

Ausgepumpt und deprimiert: Real-Star Vicente del Bosque in einer Sternstunde des HSV

Der HSV im Spielrausch. Hrubesch (2.v.l.) wird gerade noch gebremst von Pirri (M.). Reals Abwehrspieler Uli Stielike (r.) kann nicht eingreifen, Peter Nogly (l.) freut sich zu früh.

spiel von Kevin Keegan, der zurück auf die Insel zum FC Southhampton wechselte, geriet so zur totalen Enttäuschung. Nottingham verteidigte den Europapokal (man hatte 1979 mit 1:0 im Finale gegen Malmö FF gewonnen) mit minimalem Einsatz.

Beim Verlierer gab es noch ein unangenehmes Nachspiel, denn nach der 0:1-Pleite krachte es im HSV-Hotel erst richtig. Zebec warf die Spielerfrauen um zwei Uhr morgens aus der Nobelherberge und verfrachtete sie recht unsanft in einige Taxen. Zebec: »Meine Damen, Sie müssen jetzt endlich fahren.« Die Profis reagierten sauer, befolgten die Aufforderung zur Nachtruhe des Trainers nicht und blieben bis fünf Uhr früh an der Hotelbar.

Am nächsten Tag gab es einen weiteren Eklat. Zebec strich das Nachmittagstraining mit folgenden Worten: »Mit Betrunkenen trainiere ich nicht.« Dabei hatte es der Abschluss einer tollen Europacup-Saison werden sollen, doch es endete im Desaster.

So blieb der Auftritt im Halbfinale als eigentliche Sternstunde dieser Europacup-Saison zurück, denn einen Monat zuvor am 23. April 1980 hatte der HSV eines der schönsten Spiele der Vereinsgeschichte im Volksparkstadion absolviert. Das Halbfinal-Hinspiel ging bei Real Madrid chancenlos 0:2 verloren, weil die Deutschen so schlecht waren, dass sie mit zwei Gegentoren hoch zufrieden sein konnten.

Im Überschwang: Horst Hrubesch und Manfred Kaltz (r.)

Doch zwei Wochen später wollte man trotzdem noch das kleine Fußballwunder vollbringen, das Finale in Madrid schaffen. Das Spiel war innerhalb von nur vier Stunden ausverkauft. 61 000 Zuschauer hatten noch Hoffnung, die nicht enttäuscht wurde.

Es sollte eine der besten Partien in der fast hundertjährigen Geschichte des Hamburger Vorzeigeklubs werden. Nach nur 110 Sekunden lag der Ball schon im Netz, doch der Schiedsrichter entschied auf Abseits. Die siegessicheren Spanier waren vorgewarnt, wussten nun, wie ernst es dem HSV mit dem angekündigten Sturmlauf war.

Doch auch das half Real an diesem Abend nicht. Die Hamburger spielten wie entfesselt, bestürmten unter dem Gebrüll ihrer fanatischen Anhänger das Tor der Spanier, und nach zehn Minuten hatte der HSV das 0:2 aus dem Hinspiel verkürzt. Kaltz verwandelte einen Elfmeter, und sieben Minuten später war der Rückstand ausgeglichen, als Horst Hrubesch eine Kaltz-Flanke per Kopf zum 2:0 in die Maschen wuchtete.

Der Spielrausch, die Überlegenheit der Gastgeber, die vielen Torchancen, all das wurde dem Torwart der Spanier zuviel. Nach einem lautstarken Streit mit Kapitän Pirri verließ Torhüter Garcia Ramon den Platz, für ihn kam Miguel Angel.

Plötzlich wurde es totenstill in der kochenden Arena, denn Madrids Stürmerstar Laurie Cunningham schlich sich nach vorn, und gegen seinen geschickten Heber war HSV-Torwart Rudi Kargus chancenlos. Doch an diesem Abend waren die Hamburger einfach nicht aufzuhalten, auch der Anschlusstreffer der Gäste stoppte den Elan der Gastgeber nicht.

Angriff auf Angriff rollte auf den Real-Strafraum zu, und wieder war das »Duo furioso« erfolgreich. Erst Kaltz mit einem 20-Meter-

Weitschuss, dann Hrubesch mit einem Kopfball aus kurzer Entfernung machten den Halbzeitstand von 4:1 klar. Mit diesem Ergebnis wäre Hamburg im Finale des Europapokals. Doch die Spannung wich nicht im Volkspark.

Denn sollte Real ein einziges Tor erzielen, hätten sie und nicht der HSV das Endspiel erreicht. Die Spanier machten Druck, die Deutschen lauerten auf Kontermöglichkeiten. Diese ergab sich erst kurz vor Schluss, als Real durch die Rote Karte von Del Bosque nur noch mit zehn Mann auf dem Platz war und den Ball am Hamburger Strafraum verlor. Der schnelle Gegenstoß landete bei Casper Memering, und der machte das 5:1 und damit die Entscheidung klar.

Der HSV war der verdiente Sieger und ging als Favorit ins Endspiel nach Madrid, denn für viele im Stadion war das grandiose Spiel zwischen dem HSV und Real das vorweggenommene Finale. Sie sollten Recht behalten.

Real-Abwehrspieler Garcia verursacht einen Foul-Elfmeter an HSV-Stürmer Kevin Keegan

Es hat nicht gereicht: Udo Horsmanns Kopfball bringt den Ball nicht ins Tor. Allan Evans (l.) ist erleichtert, Hans Weiner und Klaus Augenthaler (2.v.r.) weniger

Aston Villa hat es den Bayern gezeigt. Es strahlen v.l.: Mortimer, Trainer Barton und White (Horstmüller)

26. Mai 1982 in Rotterdam

FC Bayern München – Aston Villa 0:1

Die Party gab's nur auf der Insel ...

Jede Serie geht einmal zu Ende – aber musste es denn unbedingt an diesem 26. Mai 1982 in Rotterdam sein? Zwölfmal stand der FC Bayern München bis zu diesem Zeitpunkt im Finale eines Pokalwettbewerbs. Und jedes Mal hieß der Gewinner am Ende auch Bayern. Gut möglich also, dass sich aus diesem Wissen nicht nur das Selbstbewusstsein nährte, sondern auch eine gehörige Portion Überheblichkeit vor diesem Europapokalfinale der Landesmeister gegen den großen Außenseiter Aston Villa aus England.

Schon vor dem Finale drehten sich die Gedanken der Bayern-Spieler vorrangig um ein Problem. Kann man aus dem Pott auch Champagner trinken? Denn bei einem Durchmesser von 30 Zentimetern der Öffnung bestand die Gefahr, dass der edle Tropfen rechts und links am Mund vorbeischwappte.

Mittelfeld-Motor Paul Breitner machte sich schon Gedanken und hatte eine eigene Lösung parat: »Zur Not müssen wir den DFB-Pokal hinzuziehen, den wir gerade gewonnen haben. Aus dem kann man hervorragend Schampus schlürfen.«

Als die Sorgen um Breitners Einsatz, der an einer Zerrung im linken Oberschenkel laborierte, auch noch verflogen, war eigentlich alles angerichtet. Der Bayern-Plan war einfach und zielstrebig: 90 Minuten Fußball-Power gegen Aston Villa, Pott einsacken und danach Feiern ohne Ende ...

Schon nach zehn Minuten scheint Bayern endgültig auf die Siegerstraße einzubiegen, denn Aston-Keeper Rimmer zieht die Handschuhe aus und bittet um seine Auswechslung aufgrund einer Schul-

ter- und Halswirbelverletzung. Für ihn kommt der junge Spink, der in dieser Saison noch nie eingesetzt wurde. Die Experten sind sich einig, dass Villa dieses Sicherheitsrisiko kaum kompensieren würde. Auch Bayern-Trainer Pal Csernai bekennt später: »Ich dachte eigentlich, das wäre ein Vorteil für uns.«

Doch zunächst schlagen die Engländer zu und suchen ihre Chance in sehr hartem Spiel. Besonders Paul Breitner wird Opfer einer regelrechten Hetzjagd. Immer wieder grätschen ihn die Gegenspieler zu Boden, allein in der 15. Minute hauen sie ihn zweimal um, und Breitner bleibt mit schmerzverzerrtem Gesicht auf dem Rücken liegen. Die Spielweise haben sich die Engländer vom FC Liverpool abgeguckt, der die Bayern auf ähnlich rüde Weise im letzten Jahr im Halbfinale aus dem Wettbewerb geworfen hat.

45 000 Zuschauer in Rotterdam sehen ein zerfahrenes Spiel, das erst allmählich auf Touren kommt. Nach 30 Minuten zieht Dürnberger aus zehn Metern wuchtig ab, Spink besteht seine erste Prüfung im Villa-Kasten.

Zwei Minuten später folgt ein Schmankerl für jeden Fußballfan, als Kalle Rummenigge versucht, mit einem Zauber-Tor in die europäische Fußballgeschichte einzugehen. Sein spektakulärer Fallrückzieher zischt nur ganz knapp am Pfosten vorbei. Immer wieder probiert er es, schießt aus allen Lagen, hat aber kein Glück.

Nach der Halbzeitpause erhöhen die Bayern den Druck. In der 51. Minute kommt Günter Güttler für den blassen Reinhold Mathy. Augenthaler setzt zu einem tollen 70-Meter-Solo an und lässt fünf Engländer stehen, aber im Strafraum verliert er den Überblick. Statt den frei stehenden Hoeneß zu bedienen, versucht er selbst mit letzter Kraft einen Torschuss und verzieht.

Dann folgt die 62. Minute, und wieder ist es Augenthaler, der Keeper Spink schon mit seinem Kopfball überwunden hat. Doch diesmal rettet Swain auf der Linie. »Es war wie verhext. Das Ding wollte einfach nicht rein«, erinnert sich der Weltmeister von 1990.

Genau 67 Minuten sind gespielt, als die Partie auf einmal auf den Kopf gestellt wird und Bayern ins Tal der Tränen stürzt. Shaw trickst Wolfgang Dremmler aus, der vor dem Spiel noch mit einem Freund

Das ist Aston Villa

Aston Villa ist ein Stadtteil von Birmingham. 1966 stand der Verein vor dem finanziellen Ruin, und es wurde eine große Rettungsaktion gestartet: Für fünf Pfund (damals etwa 50 Mark) konnte jeder Fan Mitinhaber von Aston Villa werden. Insgesamt kamen so 7000 Aktionäre zusammen. Einer kaufte sich gleich mit zwei Millionen Mark ein: Ron Bendall, beim Pokalfinale 71 Jahre alt und Präsident des Klubs.

um eine Champagnerflasche gewettet hat, dass diesmal über seine rechte Abwehrseite kein Tor fallen würde. Shaw passt zu Merley, zwei schnelle Haken um Libero Hans Weiner und eine gezielte Flanke, dann staubt White aus fünf Metern ab.

Das Tor durch White lässt die Bayern auf einmal straucheln. Blind rennen sie in den Folgeminuten auf das Tor der Engländer an, überbieten sich in Missverständnissen und Abstimmungsschwierigkeiten. Den Höhepunkt bildet die 88. Minute, als Hoeneß in Abseitsposition dem einschussbereiten Güttler den Ball vom Fuß fischt.

Mit dem Schlusspfiff haben die scheinbar unbezwingbaren Bayern zum ersten Mal in der Vereinsgeschichte ein Finale verloren.

Während UEFA-Präsident Dr. Artemio Franchi (Italien) die Sieger ehrt, stieren die Verlierer apathisch ins Leere. Bayerns schwergewichtiger Präsident Willi O. Hoffmann versucht die Spieler aufzumuntern: »Jungs, lasst doch den Kopf nicht hängen. Es ist doch keine Schande, so ein Spiel zu verlieren. Ein Endspiel ist immer eine Sternstunde.«

Das sahen die Spieler anders. Auch Hoffmanns Vorgänger Wilhelm Neudecker war am Ende. Er kannte den Endspieldruck von

Auch Karl-Heinz Rummenigge, der an Rimmer scheitert, kann Bayerns erste Endspielniederlage nicht verhindern (Horstmüller)

vier erfolgreichen Europapokalfinales, aber kein Finale hatte ihn so mitgenommen wie dieses in Rotterdam.

Neudecker, der schon nach 15 Minuten Schweißausbrüche hatte, zitterte am ganzen Körper: »Ich hatte Angst.« Als Aston Villa tatsächlich das 1:0 schoss, sackte er mit einem Kreislaufkollaps zusammen. Nur der schnelle Griff zur Herztablette ließ ihn bereits zwanzig Minuten vor Schluss das Stadion aus eigenen Kräften verlassen.

Paul Breitner sammelte sich als erster Spieler und beschönigte nichts: »Dieses 0:1 ist eine Katastrophe für den deutschen Fußball. Wir wollten doch so kurz vor der Weltmeisterschaft zeigen, was der deutsche Fußball wert ist. Und jetzt muss Bundestrainer Jupp Derwall nicht nur die Hamburger hochpäppeln, die gegen Göteborg das UEFA-Cup-Finale 0:3 und 0:1 verloren haben, sondern auch uns.« Wenigstens konnte Breitner trotz des verlorenen Finals sein Taschengeldkonto aufbessern: Im Rahmen einer Werbeaktion einer Kosmetikfirma ließ er sich den Bart für ein »Schmerzensgeld« von 150 000 Mark abnehmen.

Trainer Pal Csernai wählte wie immer sehr bedächtige Worte: »Ich hätte mir gewünscht, dass unsere Mannschaft in der ersten Halbzeit nicht so vorsichtig und langsam gespielt hätte.« Der Ungar war spürbar angefressen, und so kam es am Tag nach dem Finale in München zum Eklat. Das große Fan-Dankeschön auf dem Marienplatz fand ohne Csernai statt.

Wütend ging Paul Breitner danach mit der Mannschaft zum Empfang von Oberbürgermeister Kiesel ins alte Rathaus, schnappte sich das Mikrofon und erklärte bissig: »Wenn ich hier so herumschaue, fehlt einer, der wohl nicht zur Mannschaft steht. Wir waren immer gewohnt zu gewinnen, jetzt haben wir verloren. Wenn wir aber verlieren, dann verliert auch der Trainer mit. Ich bedaure sein Verhalten, das sehr weh tut. Man sollte auch in der Stunde der Niederlage Größe zeigen.«

Mit Aston Villa als Europapokalsieger der Landesmeister wanderte die Trophäe seit 1977 nun schon zum sechsten Mal auf die Insel. Erst Liverpool (1977, 1978, 1981), Nottingham (1979, 1980). Jetzt stand sie in Birmingham im Klubhaus von Aston Villa.

Nur die gegnerischen Trikots bleiben als Trophäen: Paul Breitner, unten, und Dieter Hoeneß (Horstmüller)

25. Mai 1983 in Athen

Hamburger SV – Juventus Turin 1:0

Happels genialer Plan

Es ging hoch her im Ballsaal Omega des Hotel Intercontinental. Die Stimmung bei der HSV-Mannschaft, im Präsidium, bei Journalisten und den Edel-Fans war auf dem Höhepunkt angelangt. Die Freude über den 1:0-Triumph gegen Juventus Turin hatte jeden im Raum ergriffen. Nein, nicht wirklich jeden.

Einer schien vom Trubel nichts mitzubekommen. Trainer Ernst Happel ließ sich von der ausgelassenen Atmosphäre nicht anstecken. Schwerfällig stand der Meistermacher von seinem Stuhl auf und schlurfte langsam in Richtung Hotel-Foyer. »Mann, bin ich müde«, flüsterte Happel. Der Europacup-Erfolg hatte den Taktiker geschafft.

Doch der Wiener kam nicht weit. Nach wenigen Metern hatte er es sich doch anders überlegt. Er machte kehrt, setzte sich in eine stille Ecke und genoss bei einem Glas Campari und einer Zigarette den Sensationserfolg. »Ich wollte diese zwei Stunden noch einmal in aller Ruhe an mir vorbeiziehen lassen«, erklärt Happel später sein eigenwilliges Verhalten.

Schon das Erreichen dieses Endspiels war für den HSV ein Riesenerfolg. Denn viele hatten in diesem Jahr eher mit den Engländern von Aston Villa, dem Titelverteidiger, oder dem FC Liverpool gerechnet. Oder vielleicht mit dem portugiesischen Meister von Sporting Lissabon oder Spaniens Titelträger Real San Sebastian …

Doch alle waren auf dem Weg nach Athen auf der Strecke geblieben und hatten das große Ziel nicht erreicht. Dagegen war den Nobodies aus Norddeutschland der große Coup gelungen. Aber die Wetten vor der Partie am 25. Mai 1983 im Athener Olympiastadion

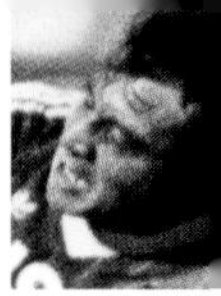

standen denkbar schlecht für die Happel-Truppe. Das Starensemble von Juventus Turin war nicht nur bei den Buchmachern haushoher Favorit. Natürlich, weil die vielen Erfolge der Vergangenheit für die Italiener sprachen, aber auch weil die Mannschaft ausgezeichnet besetzt war.

Das Who is who des Weltfußballs steckte im Jahr 1983 in schwarzweiß gestreiften Juventus-Shirts. Im Tor stand Weltklasse-Keeper Dino Zoff, vor ihm räumte das Bollwerk, bestehend aus Gentile, Scirea, Carbrini, auf. Im Mittelfeld schleppte Tardelli die Bälle, und Angreifer Rossi lauerte im Sturm auf Torchancen. Diese sechs Männer waren allesamt frisch gebackene Fußball-Weltmeister 1982 beim 3:1 gegen Deutschland im Finale mit Italien geworden. Unterstützt wurden sie an jenem Abend in Griechenland von den Spitzenspielern Michele Platini und dem Polen Boniek.

Und was hatte der HSV dagegen zu setzen? »Mit Sicherheit hatten wir ein gutes Team. Wir waren eine verschworene Gemeinschaft. Aber mit so richtigen Superstars wie die Turiner konnten wir nicht aufwarten«, erinnert sich Vorstopper Ditmar Jakobs. International bekannt waren eigentlich nur Kaltz, Hrubesch und Magath, die als Nationalspieler für ihr Land spielten.

Doch Trainer Happel hatte an diesem Maiabend ebenfalls eine starke Mannschaft zusammengestellt. Den Hamburger Kasten hütete Uli Stein, einer der besten Torhüter Europas. Vor ihm fegten Stopper Ditmar Jakobs und Libero Holger Hieronymus dazwischen, und auf den Verteidigerpositionen wirbelten Manfred Kaltz und der wieselflinke Bernd Wehmeyer. Im Mittelfeld regierte Spielmacher Felix Magath, assistiert von den Arbeitsbienen Jürgen Groh und Wolfgang Rolff. Als hängende Spitze dribbelte Jürgen Milewski, und im Sturm sollten »Kopfball-Ungeheuer« Horst Hrubesch und Sprinter Lars Bastrup für die nötigen Tore sorgen.

Wovor sollte sich der HSV in diesem Endspiel fürchten, war schon der Weg in dieses Finale beschwerlich genug gewesen. In der ersten Runde mussten die Hamburger zum brisanten deutsch-deutschen Duell gegen Dynamo Ost-Berlin antreten. Ein Spiel mit vielen politischen Problemen, denn der BFC wurde vom Geheimdienst kontrolliert. Die Hamburger kamen bei ihrem Besuch im Osten von Berlin auch in den Genuss dieser Behandlung. Das Abschlusstraining wurde von rund 350 Polizisten abgeschottet, Journalisten und Fans durften den Gast nicht beobachten.

Auch im Hotel wimmelte es nur so vor »Aufpassern«. Mittelfeld-Regisseur Felix Magath: »Es war eine beklemmende Atmosphäre.« Und dann erwischte der HSV im Friedrich-Ludwig-Jahn-Stadion auch noch einen Fehlstart. Trieloff passte auf Riediger, und der HSV lag 0:1 zurück. Doch die Überraschung blieb aus, weil Stürmer Jürgen Milewski noch das Ausgleichstor zum 1:1-Endstand erzielte. Im Rückspiel machten die Norddeutschen kurzen Prozess und gewannen durch Tore von Hartwig und Hrubesch locker mit 2:0.

Danach wurden die Griechen von Olympiakos Piräus (1:0, 4:0) sowie die Teams von Dynamo Kiew (1:2, 3:0) und San Sebastian (2:1, 1:1) ausgeschaltet.

Jetzt fehlte nur noch eine geeignete Taktik, um Juventus in diesem Finale zu besiegen. Tagelang grübelte Happel über einen ganz besonderen Plan. Nachdem er Turin einmal persönlich beobachtet

Claudio Gentile treibt für Juventus den Ball voran, mit von der Partie sind Felix Magath (l.), Antonio Cabrini und Lars Bastrup (r.)

hatte, verriet er nur: »Juventus ist eine große Mannschaft, hat aber kleinen Schwächen.« Und diese kleinen Schwächen wollte der »Macher« zum Vorteil des HSV nutzen.

Am Tag des Endspiels hatte sich der österreichische Tüftler endgültig für eine Strategie entschieden. Aber der Coach ließ sich nicht in die Karten schauen. Er wirkte gelöst, als wäre ihm eine Zentnerlast vom Herzen genommen. Ungewohnt freundlich, ja fast zuvorkommend, beantwortete er alle Fragen. Nur auf die Taktik kam er nicht zu sprechen. Ausweichend antwortete er nur: »Irgendetwas werden wir schon machen.«

Holger Hieronymus erinnert sich: »Die Ruhe des Trainers übertrug sich auf die Mannschaft. Keiner in der Truppe schien nervös zu sein.« Am Vormittag vor der großen Partie lüftete Happel sein Geheimnis. Die Mannschaft vertrat sich die Beine bei einem kleinen Spaziergang, und auf einem Golfplatz rief der Trainer seinen Spielerrat zusammen.

Dann fragte der Schweiger die Spieler Magath, Hrubesch, Groh, Rolff und Jakobs: »Wie würdet Ihr denn gegen die Italiener spielen?« Doch als Happel seinen Jungs diese Frage stellte, hatte er schon einen ganz besonderen Coup im Hinterkopf.

So sah dieser Plan aus: Linksaußen Bastrup sollte von Anfang an auf die rechte Seite rüberwechseln. Damit würde er den eisenharten Verteidiger Gentile, der nur auf Manndeckung gepolt war, hinüberziehen. Der tolle Nebeneffekt wäre, dass der offensivstarke rechte Abwehrmann Cabrini kaum mehr Platz hätte, da ihm plötzlich Gentile vor den Füßen stehen würde. Mit dieser meisterlichen Rochade entstünde auf der linken HSV-Angriffsseite ein großes Loch. Dieses Vakuum sollten dann Wehmeyer, Groh, Milewski, Rolff und Magath nutzen und immer wieder in die Lücke stoßen. »Wie in eine offene Wunde« schilderte Happel seinen Plan. Auf ihren Zimmern am Nachmittag ließen sich die HSV-Profis diesen meisterhaften Schachzug noch einmal durch den Kopf gehen.

In der griechischen Hauptstadt war an jenem Tag schon Stunden vor dem Anpfiff die Hölle los. Fast alle drei Minuten schwebten die Charterflieger aus Italien auf dem Athener Flughafen ein.

Kopfball-Ungeheuer Horst Hrubesch setzt sich gegen Sergio Brio durch. Antonio Cabrini (l.) und Michel Platini (ganz rechts) müssen sich das mitansehen

Rund um den Omonia-Platz im Zentrum der Stadt campierten die vielen schwarz-weiß gekleideten Juve-Anhänger und sangen siegesgewiss ihre Lieder. Nur vereinzelt sah man die Hamburger Fans in ihren BP-Trikots und der schwarzweißblauen Rautenfahne.

Schon vier Stunden vor dem Anpfiff war das Olympiastadion gut gefüllt. 50 000 Italiener feierten ihre Lieblinge mit bengalischem Feuer, und immer wieder stiegen Heißluftballons in Juve-Klubfarben in den warmen griechischen Abendhimmel hinauf.

Schiedsrichter Rainea aus Rumänien pfiff die vielleicht größte Partie in der Geschichte des HSV an. Wer eine abwartende, ängstliche Mannschaft aus Hamburg erwartet hatte, wurde total überrascht. Der Bundesliga-Erste übernahm gleich von Beginn an die Kontrolle des Spiels und ließ den Ball geschickt von einem Spieler zum nächsten laufen. Die Favoriten aus Italien reagierten verdutzt. Mit so einem couragierten Gegner hatten sie wirklich nicht gerechnet. In den ersten Minuten entschied sich der Verlauf der ganzen

Partie. Die Deutschen hatten die Oberhand gewonnen, die Turiner fanden nicht zu ihrem Spiel.

Und in der achten Minute fiel auch schon das Tor, das die Sternstunde des HSV perfekt machte. Eigentlich ein wirklich kurioses Tor. Ein Treffer, der nur fallen konnte, weil ein Missverständnis vorausging. Kaltz und Groh liefen auf die Mittellinie zu. Kaltz glaubte: »Joschi Groh holt sich den Ball.« Groh dagegen hoffte, »dass Manni sich den Ball erobert«. Beide rannten an der Pille vorbei, doch Groh bremste plötzlich ab, holte sich die Kugel und schob sie zu Magath.

Der Torschütze des goldenen Treffers erinnert sich an diese entscheidenden Sekunden: »Ich merkte, dass ich in einer guten Position war, deshalb habe ich etwas nach links gezogen. Ich täuschte einen Schuss an, Bettega sprang hoch und damit ins Leere.« Magath weiter: »In einer solchen Situation siehst Du die Leute um Dich rum nur schemenhaft. Ich ahnte aber, dass Zoff zu sehr am kurzen Pfosten stand. Da habe ich aufs linke obere Eck gezielt und einfach geschossen.«

Ein Schuss, der auch im Variete für Furore gesorgt hätte. Ein Tor für Fußball-Ästheten. Ein Treffer zum Zungeschnalzen. Mit

Nur kurzzeitig am Boden: Felix Magath, der Torschütze des Siegtreffers. Mit fairer Geste: Zbigniew Boniek, rechts Paolo Rossi

Gegen Kiew hat er im Viertelfinale alle drei Treffer erzielt, im Finale ist er verletzt ausgeschieden: Lars Bastrup

dem Innenrist angeschnitten, nicht fest, aber mit viel Gefühl. Nach sieben Minuten und 52 Sekunden war Turin bereits geschlagen. Für Magath eine Art Befreiung: »Ich bin froh, dass ich endlich mal auf internationaler Bühne ein sehr gutes Spiel gezeigt habe. Es entschädigt mich dafür, dass es bei der Nationalmannschaft oft nicht so gut gelaufen ist.«

Als das Spiel abgepfiffen wurde, fing für die Hamburger die Party erst richtig an. Die Profis lagen sich auf dem Athener Rasen in den Armen. Die Ersatzspieler sprangen auf der Tartanbahn des Olympiastadions wild jubelnd auf und ab. Der gesperrte Mittelfeldspieler Jimmy Hartwig küsste im ZDF-Studio in Mainz den Moderator Harry Valerien überschwänglich, und der Sieg im Europacup der Landesmeister zauberte sogar dem oft so ernsten Trainer Happel ein leichtes Lächeln auf die Lippen.

Liebevoll nahm er Masseur Hermann Rieger in den Arm. Die Stimmung später in der HSV-Kabine glich einem Tollhaus. Es wurde gelacht und sogar geweint. Der größte Erfolg in der Vereinsgeschichte ließ die Emotionen sogar bei den härtesten Profis frei.

Das Stadion war bis auf die HSV-Kurve totenstill. Der Schock der Niederlage war den so siegesgewissen Juve-Fans in die Glieder gefahren. Stars wie Rossi, Platini, Carbrini oder Boniek verzogen sich blitzschnell in die Kabine. Einer hatte es besonders eilig. Abwehrmann Gentile trieb das schlechte Gewissen aus dem Stadion, denn in der 56. Minute hatte der Frust der drohenden Niederlage den eisenharten Verteidiger übermannt. Gentile holte mit der Faust aus und brach dem pfeilschnellen Lars Bastrup den Kiefer. Der Däne musste raus, für ihn kam Talent Thomas von Heesen.

Aber auch der Unglücksfall konnte die tolle Stimmung nicht nachhaltig zerstören. Immer wieder musste Felix Magath sein Tor schildern. Immer wieder erklärte Keeper Uli Stein, wie er die »Unhaltbaren« aus den Ecken gefischt hatte.

Lob gab es für den HSV sogar aus München vom FC Bayern. Antreiber und Kapitän Paul Breitner schwärmte: »Der HSV hat eine ausgekochte Truppe.« Und Manager Hoeneß erklärte bewundernd: »Ganz schön gerissen, wie der Happel die Italiener reingelegt hat.«

27. Mai 1987 in Wien

FC Bayern München – FC Porto 1:2

Bayern scheitert wieder auf der Zielgeraden

Ein Endspiel um den Europapokal der Landesmeister ist für einen Verein immer eine Sternstunde. Doch manchmal gibt es Abende, an denen einfach gar nichts zusammenpasst.

So wie an diesem 27. Mai 1987 aus Sicht des FC Bayern München. Es fing schon beim Outfit der Mannschaft an. Denn statt der gewohnten roten Shorts und Stutzen liefen die Bayern auf einmal in himmelblauen Hosen auf und starteten einen Angriff auf den guten Geschmack. Aber mit diesen Hosen hatten die Bayern eben gerade in der Bundesliga endlich auf dem Betzenberg gewonnen, und Aberglaube hat nun mal von Mode keine Ahnung.

Aber noch schlimmer als der farbige Mischmasch des haushohen Favoriten war das Ergebnis. 1:2 verloren die Münchner gegen Porto dieses Europapokalfinale der Landesmeister. Was für eine Blamage, denn der Deutsche Meister hatte damit gegen den portugiesischen Meister verloren, oder wie Deutschlands Teamchef Franz Beckenbauer formulierte: »Es war noch nie so leicht, den Pott zu gewinnen. Aber der Fußball hat gesiegt.«

*Oben:
Ludwig Kögls Führungstreffer ist ihm Grund zum Freudensprung – am Ende aber zu wenig für den Sieg; v.r.: Michael Rummenigge, Hans Pflügler, Hans-Dieter Flick
Unten:
Die Bayern auf Gratulationstour beim FC Porto*

Souverän waren die Bayern in dieses Endspiel marschiert, hatten gegen Eindhoven (2:0 zu Hause, 0:0 auswärts), Austria Wien (2:0, 1:1), Anderlecht (5:0, 2:0) und Real Madrid (4:1, 0:1) gewonnen.

Das waren doch die echten, großen Gegner gewesen, die die Bayern bezwungen hatten. Porto dagegen mühte sich gegen Rabat Ajax aus Malta (9:0, 1:0), TJ Vitkovice (0:1, 3:0), Brøndby Kopenhagen (1:0, 1:1) und Dynamo Kiew (2:1, 2:1). Da war auch für die Buchmacher in London klar, dass es nur einen Sieger in diesem

Endspiel geben konnte, und der kam aus München. Für fünf Pfund Einsatz auf Bayern sollte es im Erfolgsfall nur zwei Pfund Gewinn geben. Porto brachte dagegen immerhin bei vier Pfund Einsatz stolze sieben Pfund Gewinn.

Die erste Halbzeit allerdings lief zunächst so, wie sich der Favorit es vorgestellt hatte, und Torwart Jean-Marie Pfaff musste keinen einzigen Ball halten. Während im Sturm ausgerechnet der sonst so harmlose Dribbelkönig Wiggerl Kögl, in dieser Saison eigentlich der Bankdrücker vom Dienst, traf. In hundert Spielen zuvor hatte er gerade zweimal getroffen, das letzte Mal 1985. Jetzt hätte es sein wichtigstes Tor werden können: Denn in der 25. Minute wurde ein weiter Pflügler-Einwurf von links vom Portugiesen Magalhaes unfreiwillig mit dem Kopf verlängert. Kögl hechtete nach dem Ball und sein tückische Aufsetzer schlug unten rechts ein.

Alles nach Plan. Das sollte aber nicht mehr lange so bleiben. Kögl gesteht später: »Ich hätte gerne auf meinen Treffer verzichtet, wenn wir dafür das Finale gewonnen hätten.«

Und dann ändert sich alles in der zweiten Halbzeit schlagartig, nachdem Porto-Trainer Arturo Jorge den dunkelhäutigen Mittelstürmer Juary eingewechselt hatte. Das Signal, die Bayern unter Druck zu setzen, kommt bei seiner Elf an: Sousa versucht es aus 17 Metern, Pfaff hält. Madjer zieht aus 18 Meter ab, knapp daneben.

Torschütze Ludwig Kögl (r.) im Zweikampf mit Joao Pinto

Es riecht nach Ausgleich, aber Bayern kontert: Celsa stößt Kögl im Strafraum elfmeterverdächtig um, aber Schiedsrichter Alexis Ponnet (Belgien) mimt den Großzügigen und lässt weiterlaufen.

Nur noch zwölf Minuten fehlen den Bayern zum ersten Triumph seit 1976. Doch auf einmal verzaubert Madjer die 56 000 Zuschauer im Praterstadion mit einem Traumtor. Präzise Flanke von Juary, Madjer steht mit dem Rücken zum Tor und trickst die Kugel mit der Hacke ins Netz (78.).

Nun also in die Verlängerung, hoffen zumindest die Bayern-Fans. Doch auch das soll nichts werden, denn in der 80. Minute ist alles aus: wieder eine Co-Produktion von Juary und Madjer, nur andersherum. Diesmal flankt der Algerier, und der Brasilianer schießt aus drei Metern das 2:1.

Auch zu zweit haben sie Mühe: Kögl am Boden und Michael Rummenigge (Nr. 10) kommen nicht an Pinto vorbei

Verteidiger Eduardo Luis ist außer sich vor Freude und erzählt spontan: »Tausende Fans, die aus finanziellen Gründen nicht nach Wien kommen konnten, werden den Flughafen blockieren. Hoffentlich können wir überhaupt landen.« Sie konnten, aber auch bei Bayern München gingen viele in die Luft.

Trainer Udo Lattek setzte zur großen Abrechnung mit der Mannschaft an, mit der er in der Meisterschaft den Hattrick geschafft hatte. Lattek: »Einige Spieler sind nicht in der Lage, an wichtigen Tagen das zu bringen, was sie eigentlich können. Es wird jetzt tiefe Risse in der Mannschaft geben. Ich zähle die Tage, bis in München alles vorbei ist. Ich habe keine Lust, ständig davon abhängig zu sein, ob nun einer seine Leistung bringt oder nicht.« 21 Tage nach dem Desaster von Wien verabschiedete sich Lattek zum 1. FC Köln.

Libero Norbert Nachtweih konterte: »Wir waren in Wien ein Hühnerhaufen. Wir hatten konditionelle Probleme. Aber auch für die Kondition ist der Trainer verantwortlich.« Und Andreas Brehme resümierte: »Wir sahen ja aus wie Anfänger.«

Anfänger, Versager, Hühnerhaufen – die knallharten Vorwürfe gingen vor allen Dingen an die Adresse von Lothar Matthäus. Teamchef Franz Beckenbauer: »Wie in allen wichtigen Spielen konnte man ihn wieder mal vergessen.« Mittelstürmer Dieter Hoeneß:

»Vielleicht war er mit der Kapitänsrolle überfordert.« Libero Nachtweih: »Er konnte den Ball nicht halten.«

War Matthäus nun wirklich der Schuldige? Beim Bankett demütigten ihn die Mannschaftskollegen und ließen ihn allein an einem Tisch sitzen. Michael Rummenigge trampelte sogar auf einer Zeitung herum, die ihm wie Matthäus die Note 5 gegeben hatte. Rummenigge brüllte: »Ich lasse mich mit dem nicht auf eine Stufe stellen.«

Matthäus, Matthäus, Matthäus. Der Attackierte zeigte sich einsichtig: »Ja, ich habe in der zweiten Halbzeit versagt. Da hätte ich das Spiel in den Griff kriegen müssen.«

Porto-Kapitän Pinto hat den Sieg

Plötzlich suchten die Bayern auch noch das Verletzungspech als Ausrede, denn Klaus Augenthaler fehlte wegen einer Bandscheibenoperation, und Hansi Dorfer musste wegen eines Muskelfaserrisses passen. Manager Uli Hoeneß: »Dorfner hätte den Ball halten und das Spiel nach vorne gestalten können.« Auch den Tordrang des Roland Wohlfarth (Muskelfaserriss) vermissten sie schmerzhaft. Lattek: »Ich ahnte schon, dass wir ohne ihn ein Sturmproblem haben würden.«

Schwache Entschuldigungen, denn trotz der Verletzten hatte Bayern-Präsident Fritz Scherer für das Hotel Marriott nur eine Bankettrede für den Erfolgsfall vorbereitet. Scherer: »Sie war länger und lustiger als alle vorigen gewesen.« Nur leider wurde sie nie gehalten.

Fast unbemerkt landeten die Bayern am Tag nach der Schmach um 11.39 Uhr in München-Riem, wo der geplante Empfang im Rathaus längst abgesagt worden war. Dieter Hoeneß, Mr. Europacup mit 26 Toren in 53 Spielen, gestand: »Ich bin immer noch benommen. Acht Jahre sind wir angerannt und dann so etwas ausgerechnet im Spiel des Jahrzehnts.«

Dagegen gab es in Portugal eine Riesenparty. In Porto feierten die 50 0000 Einwohner am Atlantik ein gigantisches Fest mit Autokorso, Hupkonzert, Transparenten und blau-weißen Fahnen. Nach 1961 und 1962 mit Benfica Lissabon und dem großartigen Eusebio hatte erstmals wieder eine portugiesische Mannschaft den Meistercup gewonnen.

11. Oktober 1988 in Bremen

SV Werder Bremen – Dynamo Berlin 5:0

Im Westen was Neues

Bremer Vorrunden-Niederlage in Berlin. Torschütze Andreas Thom (M.) von Michael Schulz geherzt

Es war das letzte Duell eines westdeutschen gegen einen ostdeutschen Meister im Europapokal der Landesmeister. Aber dieser Erstrunden-Vergleich war mehr als ein Fußballspiel. Es war das Duell zweier Systeme, ein Kampf um die Ehre, um internationale Anerkennung. Marktwirtschaft gegen Sozialismus. Werder Bremen gegen Dynamo Ost-Berlin.

Der 11. Oktober 1988 wurde zum Debakel für die Anhänger des DDR-Fußballs, und er wurde zu einem gigantischen Triumph für Otto Rehhagel und seinen SV Werder, zu einer Sternstunde des deutschen Fußballs im Westen. Ein Abend, der mit ungeahnter Dramatik aufwartete und mit einem Spiel, das seine Zuschauer auf der Achterbahn der Gefühle durch viele Wellentäler schickte.

Denn zunächst hatte alles eigentlich viel eher nach einer Demütigung des Bundesliga-Fußballs ausgesehen. Der zehnfache DDR-Oberligameister Dynamo hatte die Bremer im Hinspiel am 6. September im ausverkauften Ost-Berliner Jahn-Sportpark mit 3:0 regelrecht vorgeführt. Die Helden dieses Sieges waren da noch die Vorzeige-Profis des Ostens. Ein paar Jahre später sollten Andreas Thom, Thomas Doll und Frank Rohde zu den ersten gehören, die sich in die Bundesliga absetzten.

24 000 Zuschauer, darunter 2640 Werder-Fans, waren zu diesem Hinspiel gekommen. Die Bremer durften sich wie Staatsgäste fühlen, denn ihr Bus wurde auf dem Weg vom Grand Hotel zum Stadion von einer Polizeieskorte begleitet. Alle Ampeln waren auf Grün geschaltet. Dazu diese Begeisterung, die vor dem Hotel, an den Straßen, vor dem Stadion spürbar war. Hunderte jubelten den »Wessis« zu, vor allem die, die keine Karten bekommen hatten. Die Tickets waren zum größten Teil an linientreue Parteigenossen verteilt worden, denn es sollte schließlich ein Heimspiel für die Dynamos werden.

Aber die Bremer zeigten Herz, wussten, dass sie viele Fans im anderen Teil Deutschlands hatten. Otto Rehhagel selbst hatte es erlebt, als er die Dynamos beobachtete und vor allem von Union-Fans mit »Otto, Otto«-Rufen gefeiert wurde. Manager Willi Lemke hatte deshalb 2000 Poster, 2000 Aufkleber und 5000 Nadeln eingepackt und ließ die nun an die Ausgesperrten, die keine Karte bekommen hatten, verteilen.

Dann teilte erst mal Dynamo aus. Vor Ehrengästen wie Alt-Bundeskanzler Willi Brandt und Berlins Regierendem Bürgermeister Eberhard Diepgen vernaschte Rechtsaußen Thomas Doll Bremens Norweger Rune Bratseth, und weil Torwart Olli Reck zu weit

Aufstellung Werder Bremen und BFC Dynamo am 11.10.1988
Bremen: Reck, Kutzop, Schaaf, Bratseth, Borowka, Otten, Votava, Meier (74. Wolter), Hermann, Burgsmüller, Riedle.
BFC Dynamo: Rudwaleit, F. Rohde, Herzog, Reich, M. Schulz (81. Ksienzyk), Ernst, Küttner, Köller, Thom, Doll, Pastor (82. Anders).

vor seinem Tor stand, traf Doll schon nach 17 Minuten mit einem Schuss rechts unten zum 1:0.

Es sollte nicht Recks einziger Fehler an diesem Abend sein, denn wenig später stand er wieder zu weit vor seinem Kasten und hatte Glück, dass Thoms Schuss Millimeter am rechten Pfosten vorbeisauste. Lange war nichts vom westdeutschen Meister zu sehen. Trotzdem gab es immer wieder auch Werder-Sprechchöre von Union-Fans, die sich nicht wie die pflichtbewussten Parteiklatscher für den Stasi-Klub einspannen ließen. Sie sahen wenigstens nach der Pause zaghafte Aufbäumversuche der Bremer, als Berlins Torwart Rudwaleit eine Votava-Flanke gerade noch über die Latte lenken konnte (57.) und Reich einen Riedle-Schuss vor der Linie klärte (60.).

Aber dann schlug Dynamo wieder zu. Doll tanzte Thomas Wolter aus und flankte von links. Thom, der DDR-Fußballer des Jahres,

Im Westen läuft es besser. Karlheinz Riedle (l.) hat die 3:0-Führung vollbracht, rechts Burgsmüller voll der Freude

der seine Mannschaft als Torschützenkönig mit zwanzig Treffern zur Meisterschaft geschossen hatte, schraubte sich hoch und köpfte einen Tag vor seinem 23. Geburtstag das 2:0 (61.). Über zehn Millionen Menschen erlebten am Fernseher mit, wie Thom erneut Bratseth stehen ließ, von rechts flankte und Pastor zum 3:0 einschoss (77.). Damit war die höchste Niederlage perfekt, die eine westdeutsche gegen eine ostdeutsche Mannschaft einstecken musste. Selbst Otto Rehhagel sagte, auf das Rückspiel angesprochen: »Es geht nur noch um die Ehre. Meine Leute sollen zeigen, was für Kerle sie sind. Damit die Blamage nicht ganz so groß wird.«

Wegen der Olympischen Spiele in Seoul musste er fünf Wochen auf die Revanche warten, und inzwischen war der Coach etwas zuversichtlicher. Er klopfte an die Tür von Präsident Dr. Franz Böhmert und fragte: »Doktor, was wäre Ihnen lieber – der Meistertitel in der Bundesliga oder das Weiterkommen im Europapokal?« Die spontane Antwort des Bosses: »Der Sieg gegen Dynamo.«

Von vielen längst abgeschrieben, hatten sich die Bremer bestens vorbereitet. Sie setzten ganz auf Psychologie, auf die Wirkung des UEFA Cups im Jahr zuvor. Da hatten sie in der zweiten Runde bei Spartak Moskau 1:4 verloren und waren zu Hause durch ein 6:2 nach Verlängerung doch noch weiter gekommen. Deshalb machten sie alles wie damals.

Dynamo wurde im gleichen Hotel einquartiert wie Spartak, in den gleichen Zimmern. Die Berliner bekamen auch die gleichen Gastgeschenke wie die Russen – eine Kogge und einen Silberteller. Selbst das Präsidium lud seine ostdeutschen Kollegen um 20.30 Uhr zur gleichen Uhrzeit zum gemeinsamen Essen ins Bremer Plaza. Alles wie im Jahr davor. Das sollte Glück bringen.

Dazu hatte Lemke erfahren, dass die Berliner ihren Stars 2000 West-Mark Siegprämie fürs Weiterkommen versprochen hatten. Er lud sie ein, sich bei einem Einkaufsbummel in der Bremer City günstig mit Konsumgütern zu versorgen. Die Berliner nahmen die Einladung an, zogen am Tag vor dem Spiel durch die Geschäfte statt sich auf die große Schlacht zu konzentrieren. Auf das Spiel, das an jenem 11. Oktober als Sensation in die Geschichte eingehen sollte.

»Der Fußball lehrt uns immer wieder Dinge des normalen Lebens. Wenn man nicht an sich glaubt und davon überzeugt ist, das Besondere zu erreichen, wird man immer beim Gewöhnlichen bleiben. Solche Sternstunden erlebt nur, wer auch innerlich vorbereitet ist und an den Erfolg glaubt.«
Otto Rehhagel nach dem 5:0 gegen Dynamo Berlin

Am Ende alles wieder gut: Otten oben, Riedle unten, Burgsmüller (Nr. 10) und Kutzop – alle sind zufrieden

24 000 Fans waren ins Weserstadion gekommen, über zwölf Millionen erlebten die Partie im Fernsehen mit. »Uns erwartet die Hölle«, hatte Dynamo-Trainer Jürgen Bogs seine Jungs gewarnt. Doch dass es so brutal kommen würde, hatte auch er nicht befürchtet.

Mit einem Psycho-Angriff von Schlitzohr Manni Burgsmüller fing die Revanche an. Vielleicht war es nur der Ausdruck unerträglicher Ungeduld, wie bei einem mit dem Huf scharrenden Vollblüter. Zeitzeugen schwören aber, dass es ein gezielter Einschüchterungsversuch war, der auch Wirkung zeigte: Als die Bremer im Kabinengang auf ihre Gegner warteten, ging der Stürmer zur verschlossenen Berliner Kabine, trommelte mit den Fäusten an die Tür und brüllte: »Kommt endlich raus, Ihr Feiglinge. Damit wir Euch fertig machen können. Oder habt Ihr Angst?«

Sicherlich nicht die feine sportliche Art, doch angesichts des unaufholbar erscheinenden 0:3 schien jedes Mittel psychologischer Kriegsführung recht. Zumal die anderen Bremer Spieler diesen Psychoterror fortführten. Michael Kutzop fauchte: »Ihr seht kein Land heute, das verspreche ich Euch.« Und selbst der sonst so zurückhaltende Günter Hermann stichelte: »Heute kriegt Ihr fünf.« Der Weltmeister von 1990 verriet später: »Bei jedem Zweikampf, bei jeder Spielunterbrechung haben wir die Dynamo-Spieler angesprochen, weil wir merkten, dass es wirkte.« Das Bremer Selbstbe-

wusstsein, ob gespielt oder wirklich vorhanden, machte den Dynamos weiche Knie.

Wie gelähmt mussten sie teilweise zusehen, wie Werder einen Angriff nach dem anderen fuhr und sich die Bremer mit allen zehn Feldspielern in Berlins Hälfte einnisteten. Schon nach neun Minuten hatten Riedle, Meier und Votava Riesenchancen herausgearbeitet, doch das so dringend benötigte frühe Tor war noch nicht gefallen.

Das änderte sich in der 23. Minute, als Bratseth drei Berliner umkurvte und der vierte, »Wuschi« Rohde, ihn nur mit einem Foul im Strafraum stoppen konnte. Schiedsrichter Quiniou (Frankreich), der später 1994 sogar das WM-Finale zwischen Brasilien und Italien leitete, pfiff sofort einen Elfmeter und Michael Kutzop traf zum 1:0.

Jetzt waren es in der Gesamtrechnung nur noch zwei Tore Rückstand, und die Aufholjagd ging gerade erst los. Denn die Bremer steigerten sich in einen Rausch. Hermann hämmerte den Ball aus zwanzig Metern zum 2:0 ins Netz (55.) und weckte neue Hoffnung, die schon sieben Minuten später mit dem 3:0 erfüllt wurde. Einen Meier-Freistoß ließ Burgsmüller abtropfen, Riedle drehte sich am schnellsten und erhöhte auf 3:0 (62.).

Die Schande von Berlin war wett gemacht. »Das ist der Wahnsinn. Jetzt packen wir es wirklich noch«, stammelte Manager Lemke kreidebleich. Der spätere Bremer Bildungssenator sollte recht behalten, denn nach einer Flanke von Meier traf Burgsmüller per Flugkopfball zum 4:0 (71.), und mit dem Schlusspfiff machte Thomas Schaaf die Sensation endgültig perfekt, als er einen Pass von Riedle zum 5:0 versenkte. So wie es »Hellseher« Hermann vorhergesagt hatte.

Berlins Trainer Bogs fand nur eine Erklärung zur Vorstellung seines Teams: »Wir waren einfach zu ängstlich.« Und Andreas Thom stellte frustriert fest: »Es war das Schlimmste, was ich je im Fußball erlebt habe.«

Für alle anderen war es der Abend, der Bremen wieder einmal zum Europacup-Tollhaus der Nation machte. Auch wenn in diesem Jahr schon in der dritten Runde gegen den AC Mailand (0:0 und 0:1) Endstation sein sollte.

6. November 1991 in Kaiserslautern

1. FC Kaiserslautern – FC Barcelona 3:1

Lautern fehlten nur Sekunden

Aufstellung 1. FC Kaiserslautern am 6.11.1991
Ehrmann, W. Funkel, Schäfer, Haber, Scherr, Goldbaek, Hotic, Hoffmann, Lelle (88. Kranz), Witeczek, Kuntz.

Es war angerichtet für die schönste Sternstunde der Lauterer. Das 50. Europacup-Spiel der Pfälzer, der Betzenberg wackelte. Doch dann verglühte sie Sekunden vor Schluss wie eine kleine Sternschnuppe und hinterließ wie ein riesiger Meteoriten-Einschlag einen Krater zerstörter Hoffnungen, einen Trümmerhaufen geplatzter Träume. So wurde der überragende 3:1-Sieg des 1. FC Kaiserslautern im Achtelfinal-Rückspiel des Europacups der Landesmeister gegen den FC Barcelona doch noch zu einem Misserfolg.

Nicht weniger als zehn Millionen Mark standen an diesem Abend des 6. Novembers 1991 für den Verein auf dem Spiel. Denn

Die Roten Teufel gegen die Barca-Stiere im Rückspiel auf dem Betzenberg. Hotic erzielt per Kopfball das 1:0

die waren den Klubs von der UEFA garantiert, zumindest für die Teilnehmer der neu geschaffenen Gruppenspiele, in denen dann die Finalgegner ausgespielt wurden. Noch kein deutscher Verein hatte jemals um so viel Geld gespielt.

Deshalb lockte Lautern seine Spieler mit 25 000 Mark Prämie pro Mann. Stolze 15 000 hatten sie schon dafür kassiert, dass sie in der ersten Runde Etar Tarnavo ausgeschaltet hatten. 2:0 im Heimspiel, 1:1 im Rückspiel bei Bulgariens Meister.

Aber diesmal wartete mit den Katalanen und ihren Stars um Trainer Johan Cruyff ein anderes Kaliber, waren diese immerhin schon zwölfmal im Europacup Gegner deutscher Mannschaften gewesen. Doch nur der HSV, Köln und Leverkusen hatten den Vergleich mit den Spaniern gewinnen können, neunmal waren die Deutschen gescheitert. Vier, die davon ein Lied singen konnten, standen an jenem Abend auch auf dem Rasen. Trainer Kalli Feldkamp, Stefan Kuntz, Wolfgang Funkel und Marcel Witeczek waren im UEFA Cup mit Bayer Uerdingen durch zwei 0:2-Niederlagen gegen die Spanier rausgeflogen.

Auch Lautern hatte das Hinspiel zwei Wochen zuvor 0:2 im Stadion Nou Camp vor 65 000 Zuschauern verloren, und die Pfälzer verbanden mit diesem Auftritt ganz bittere Erinnerungen. Mit 160 Fans waren sie nach Spanien geflogen. Die erste böse Überraschung: Stadionsprecher Udo Scholz wurde in einer Telefonzelle überfallen.

Dann folgten die überfallartigen, sportlichen Angriffe Barcelonas. Zunächst hielt Lautern stand, weil Reinhard Stumpf den bulgarischen Superstar Stojtschkov und Tom Dooley den Dänen Michael Laudrup im Griff hatten. Aber nach zwei wegen Abseits nicht gegebenen Toren von Bakero (25.) und Beguiristain (33.) wurde die Stimmung immer erhitzter.

Da half auch nicht, dass der spätere Europameister Stefan Kuntz spielen konnte, der sieben Wochen zuvor in München beim Aussteigen aus dem Mannschaftsbus umgeknickt war und wegen eines dreifachen Bänderrisses operiert werden musste. Auch er konnte nicht helfen, als zwei Minuten vor dem Halbzeitpfiff Tom Dooley den Ball nicht weg bekam und Barcelonas Witschge abzog. Lauterns erfahrener Torwart Gerry Ehrmann konnte den Ball zwar noch halten, ließ das Leder aber genau vor die Füße des einschussbereiten Beguiristain abklatschen, der auch noch Wolfgang Funkel traf, von dem der Ball über die Linie zum 1:0 trudelte.

Nach der Pause gleich der nächste Schock, als wieder Beguiristain, diesmal mit einem Schuss aus sechs Metern, zur Stelle war und auf 2:0 (53.) erhöhte.

Doch die wohl entscheidende Szene sollte noch folgen – weil in der 60. Minute eigentlich alles hätte ganz anders kommen müssen: Guido Hoffmann war in Ferrers Fehlpass gesprungen, mit dem Ball auf und davon gelaufen und hatte auch Libero Koeman stehen gelassen. Nun spielte der Lauterer auch noch Torwart Zubizarreta aus, stand plötzlich völlig frei vor dem leeren Tor und brachte dann das Kunststück fertig, mit seinem schwachen rechten Fuß nur das Außennetz zu treffen. Der Unglücksrabe sank wie ein Häufchen Elend auf die Knie, faltete die Hände und sagte später: »In dem Moment dachte ich, alle 110 000 Sitzschalen des Stadions würden auf mich fallen.«

Aber da war ja noch dieses Rückspiel. Und die Hoffnung, dass auf dem Betzenberg schon manches Fußballwunder passieren konnte. Schließlich hatten die Lauterer genug Selbstvertrauen, an dem sie sich aufrichten konnten. Der Deutsche Meister war die Mannschaft des Jahres, hatte den Trainer des Jahres und mit Stefan Kuntz auch den Spieler des Jahres.

Außerdem hatte man seit 1972 im Europacup sechsmal ein verlorenes Auswärtsspiel zu Hause noch umbiegen können – gegen Stoke City, Ararat Erewan (beides 1972), Spartak Moskau, SC Lokeren, FC Sevilla (alle 1982) und vor allem gegen Real Madrid. Die Pfälzer hatten die Königlichen 1982 nach einem 1:3 in Madrid zu Hause mit einem sensationellen 5:0 weggefegt.

Da waren noch zwei gute Omen, an die sich die Pfälzer klammerten. Denn Kalli Feldkamp hatte neben dem Triumph über Real ein weiteres Europapokalspiel umgebogen, als er mit Bayer Uerdingen ein 0:2 bei Dynamo Dresden zu Hause durch ein 7:3 wett-

Trost ist nötig, auch wenn sie vom Sieger kommt: Jose Guardiola kümmert sich um Marcel Witeczek (r.)

machte. Ganz nebenbei sollte Lauterns 50. Europacupspiel der letzte internationale Auftritt des schwedischen Schiedsrichters Frederiksson sein. Noch eine Parallele also, denn damals bei der Sensation gegen Real pfiff der Ungar Palotai zum letzten Mal.

Die Fans jedenfalls bauten darauf. 30 200 waren gekommen und hatten sogar bis zu 70 Prozent Topzuschlag in Kauf genommen. Für die Journalisten musste eine Zusatztribüne errichtet werden. Schon zwei Stunden vor dem Anpfiff war das Stadion fast voll. Bengalische Feuer, dicker, weißer Qualm – der Betzenberg war »angerichtet« für ein großes Fußballfest.

»Wir packen die Barca-Stiere gleich bei den Hörnern«, hatte Hoffmann entschlossen angekündigt. Nur ließen sich die Spanier erst mal nicht packen. Im Gegenteil, Ehrmann konnte einen Stojtschkow-Knaller gerade noch zur Ecke lenken (24.). Aber dann stürmte Kaiserslautern mit dem Mut der Verzweiflung: Stefan Kuntz nahm eine Scherr-Flanke direkt, und Zubizarreta drehte den Ball gerade noch über die Latte (26.). Wenig später versuchte es Demir Hotic mit einem Schuss, wieder hielt Zubizarreta (33.). Dann war auch der Schlussmann machtlos, als Hotic nach einer Kuntz-Ecke aus vier Metern zum 1:0 (35.) einköpfte.

»Brutaler kann man nicht bestraft werden. Ich habe selten so viele Tränen gesehen. In unserer Kabine ist es nasser als nach einem Wasserrohrbruch.« Kalli Feldkamp zur Stimmung der Mannschaft nach dem 3:1 gegen Barcelona

Mit viel Hoffnung ging es in die Kabine, wo Feldkamp seine Mannschaft beschwor: »Wenn wir das 2:0 machen, bekommen die Spanier ein Problem mit dem Kopf. Dann klappen die innerlich zusammen.« Der Meistertrainer von 1991 sollte recht behalten, zumindest für sehr lange.

Wolfgang Funkel verlängerte Goldbaeks Ecke in der 49. Minute, und Hotic versenkte den Ball erneut per Kopf zum 2:0. Das Ergebnis von Nou Camp war somit neutralisiert.

Sollten sich die Spanier verkalkuliert oder überschätzt haben? Immerhin hatten sie für den Abend nicht einmal eine Übernachtung gebucht, sich darauf verlassen, dass sie nach dem Spiel pünktlich zurückfliegen könnten und dabei nicht berücksichtigt, dass für den Flughafen Saarbrücken-Ensheim Nachtflugverbot galt. Schon eine Verlängerung würde sie in Bedrängnis bringen.

Lähmendes Entsetzen – die Niederlage in letzter Sekunde. Wolfgang Funkel kann es noch nicht fassen

Aber die wollte auch Kaiserslautern nicht. Ein genialer Pass von Lelle auf den Dänen Bjaerne Goldbaek, der startete durch und traf flach unten zum 3:0 (71.). Das Wunder nahm Formen an, denn mit diesem Ergebnis war Lautern auf einmal in der nächsten Runde.

Die 90. Minute: Auf den Rängen wird bereits das sensationelle Weiterkommen gefeiert, als Koeman sich den Ball zum Freistoß zurechtlegt. Es wird wohl die letzte Aktion in diesem Spiel sein. Koeman läuft an, der Ball segelt in den Strafraum, Markus Kranz und Uwe Scherr sind einen Augenblick orientierungslos, sehen zu, wie ausgerechnet Bakero, der mit 1,72 Meter kleinste Spanier, hochsteigt und das Tor zum 3:1 köpft.

Der kleinste Spanier erzielt den rettenden Ehrentreffer für Barcelona – Jose Maria Bakero

Lähmendes Entsetzen im Stadion, denn auch wenn wenige Sekunden vor dem Schlusspfiff Kranz noch eine Chance zum 4:1 und damit zum Weiterkommen hat, ist Kaiserslautern durch dieses eine auswärts geschossene Tor geschlagen.

Der große Johan Cruyff bewies als Erster unmittelbar nach dem Abpfiff Größe, ging direkt zu Kalli Feldkamp und sagte: »Ihr wart wirklich Klasse. So glücklich bin ich im Europapokal noch nie weiter gekommen.«

Aber Trost war das kaum. FCK-Vize Rainer Geye erinnert sich: »Wir wären im Teich der Großen Europas geschwommen. Die Spieler hätten mehr Erfahrung gesammelt, ihr Marktwert wäre gestiegen. Wir hätten ganz andere Möglichkeiten gehabt.« Wenn die Sternstunde nur 89 Minute lang gewesen wäre ...

30. September 1992 in Leeds

VfB Stuttgart – Leeds United 1:4

Als Christoph Daum nicht bis vier zählen konnte

Aufstellung VfB Stuttgart am 30.9.1992:
Immel, Dubajic, Schäfer, Buchwald, Buck, Strunz, Gaudino (83. Simanic), Sverrisson, Frontzeck, Kögl, Walter.

Es war der Tag, als ein Amateur namens Jovo Simanic Europacup-Geschichte schrieb. Unfreiwillig zwar, aber doch nicht unerheblich. Er war der Mann zuviel an Bord des VfB Stuttgart.

Doch wenn wir von dieser Sternstunde erzählen, die Christoph Daum am liebsten aus seiner Vita streichen möchte, müssen wir auf zwei Vorgeschichten zurückgreifen. Zum einen auf die Bundesligasaison 1991/92. Da gab es ein großes Finish auf der Zielgeraden der Bundesliga. Am letzten Spieltag führte die Frankfurter Eintracht (mit Bein, Möller, Yeboah und Trainer Stepanovic) die Tabelle an, auf Platz zwei der VfB Stuttgart (mit Sammer, Buchwald, Walter und Trainer Daum), dahinter Borussia Dortmund (mit Chapuisat, Povlsen, Michael Rummenigge und Trainer Ottmar Hitzfeld). Alle drei Bundesliga-Topteams mussten am letzten Spieltag auswärts antreten. Frankfurt in Rostock, Dortmund beim als Absteiger feststehenden MSV Duisburg. Die schwerste Ausgangsposition hatte der VfB. Er musste bei Bayer 04 Leverkusen ran. Dortmund siegte durch ein frühes Tor von Michael Rummenigge mit 1:0 und fühlte sich bis zur 87. Minute als Meister, weil die Frankfurter leichtfertig den Titel vergaben und in Rostock 1:2 verloren. Doch dann schlug der VfB zurück. Obwohl Matthias Sammer nach Feldverweis längst unter der Dusche stand, gelang Guido Buchwald drei Minuten vor Schluss das 2:1. Der VfB hatte ganz überraschend den Titel gewonnen, aber seinen besten Mann verloren: Lange vorher stand fest, dass Sammer nach Italien zu Inter Mailand wechseln würde. Auch weil der VfB die 10,5 Millionen Mark Ablösesumme dringend benötigte.

»Soll ich mich jetzt erschießen?« (Christoph Daum auf die Frage eines RTL-Reporters nach dem Wechselfehler)

Vorgeschichte Nummer 2: Die Champions League hatte zu der Zeit noch einen anderen Modus. So wollte das Los, was heute ausgeschlossen ist: Bereits in Runde eins trafen der deutsche und der englische Meister aufeinander. Nicht etwa in Gruppenspielen, wo sich der Erste und Zweite für das Weiterkommen empfehlen konnten, sondern brutal und knallhart in zwei K.o.-Spielen. Erst in Stuttgart, dann in Leeds.

Motiviert und engagiert ging der VfB in die beiden Duelle mit Leeds United. Im Stuttgarter Neckarstadion wurden die Engländer mit 3:0 besiegt, vorgeführt, an die Wand gespielt. 3:0, ein komfortabler Vorsprung, mit dem der VfB an jenem 30. September 1992 auf die Insel flog. Es wurde ein denkwürdiges Spiel mit einem geschichtsträchtigen Ausgang.

Wer die englischen Stadien und den englischen Fußball kennt, der weiß um die Schwierigkeiten auf der Insel. 90 Minuten lang Power-Fußball. 90 Minuten lang eine vom Publikum fanatisch angefeuerte Heimelf. Da kann auch manche Klasse-Mannschaft die Linie (oder den Kopf) verlieren. Erst recht eine Elf wie Stuttgart, der nicht nur mit Sammer der beste Spieler verloren ging, sondern der auch die große internationale Erfahrung fehlte. Inklusive Trainer.

Immerhin war Andreas Buck schnell genug für ein Auswärtstor. Ein Treffer, der das sportliche Weiterkommen sicherte. Mit 1:4 lag der VfB zurück, zitterte sich die letzten Minuten ins Ziel und griff dabei zu unerlaubten Mitteln.

Christoph Daum hatte einen verhängnisvollen Fehler begangen. In der 83. Minute schickte er Jovo Simanic für den ermüdeten Maurizio Gaudino aufs Feld. Einen kopfballstarken Manndecker für den stürmischen Techniker. Aber genau dieser Jovo Simanic war einer zu viel. Weil die Statuten besagten, dass nur drei Ausländer auflaufen dürfen und nicht vier.

»Christoph Dumm« titelte die *Bild-Zeitung*, »unser Meister zu doof zum Auswechseln.« Gar zum »Däumling« degradierte die *Badische Zeitung* den zuvor als Meistertrainer gefeierten Daum. Die *Stuttgarter Zeitung* stempelte ihn zur »Lachnummer der Nation« und die *Welt am Sonntag* schrieb schlicht vom »Skandal-Daum«.

Ausgerechnet Daum. Er war als akribischer Arbeiter bekannt. Nichts überließ er dem Zufall. Er beschäftigte Mediziner, wissenschaftliche Institute und Mental-Trainer. Er hatte so das Training von Profimannschaften neu definiert und galt als der modernste Vorzeige-Trainer. Auf der anderen Seite war er bekannt dafür, dass er verbal gern austeilte. Die Auseinandersetzung mit Bayern-Manager Uli Hoeneß, als er mit Köln gegen die Bayern um die Meisterschaft spielte, lag erst drei Jahre zurück. »Cassius der Liga« wurde der 38-jährige Jugendtrainer deshalb genannt. Und viele warteten nur darauf, ihre Rechnung mit dem Aufsteiger aus dem Rheinland begleichen zu können.

Deshalb hatte er nach diesem fatalen Wechselfehler von Leeds vielleicht mehr Prügel einstecken müssen als berechtigt. Deshalb ist er möglicherweise zum Sündenbock gestempelt worden für etwas, was vielleicht in den Verantwortungsbereich von Funktionären gefallen wäre. Aber ausgerechnet ihm passierte diese verhängnisvolle Affäre.

Erster Streich: Fritz Walter (2.v.r.) mit dem 1:0 im Stuttgarter Neckarstadion

Just in der Saison 1992/93 hatte die UEFA ihre Regeln geändert. Statt vier durften nur noch drei Ausländer in allen europäischen Wettbewerben eingesetzt werden. Weil nur die Verbände, aber nicht die Vereine Mitglieder der UEFA sind, hatte das europäische Fußball-Parlament den Dienstweg eingehalten und den DFB informiert. Dessen Pflicht war es gewesen, seine Vereine von der Neuerung in Kenntnis zu setzen. Die Neufassung der Regel VIII, Artikel 12, Absatz 3 ging auch dem Deutschen Meister zu. Der DFB-Sachverständige Mai: »Nicht einmal, sondern dreimal. Wir haben alle deutschen Vereine, auch den VfB, dreimal schriftlich von dieser Neuerung in Kenntnis gesetzt.«

Empfänger beim VfB war Wirtschaftsdirektor Ulrich Ruf, der auch den Eingang quittierte und an Manager Dieter Hoeneß weiter leitete. Dort, auf dem Tisch von Hoeneß, lag das quittierte Schreiben auch noch an jenem 30. September 1992.

Mit zwei Ausländern hatte Christoph Daum die Schlacht von Leeds begonnen. In der Abwehr vertraute er dem jugoslawischen Libero Dubajic, im Mittelfeld dem isländischen Kämpfer Sverisson. Doch als die Luft für den VfB immer dünner, das Spiel immer hektischer und die Kulisse immer höllischer wurden, versuchte Daum zu reagieren. In der 80. Minute schickte er mit dem Schweizer Adrian Knup für den Deutschen Fritz Walter Ausländer Nummer drei aufs Feld. Und drei Minuten später war es passiert.

Simanic kam. Ein Vertragsamateur, dessen Name vorher und nachher nie wieder eine Rolle spielte in der deutschen und europäischen Fußballgeschichte. Nicht einmal in der des VfB. Denn Jovo Simanic war als Vertragsamateur zum VfB gekommen, kickte bei VfB II in der Amateur-Oberliga und war dort nur durch seine enorme Kopfballstärke aufgefallen.

Ein Vorzug, an den sich Daum in diesen schlimmen Minuten von Leeds erinnerte. Angriff auf Angriff tobte vor das Tor von Eike Immel. Nur sieben Minuten blieben dem englischen Meister noch, das fünfte und entscheidende Tor zu schießen. Als Daum in diesem Hexenkessel von Leeds sieben Minuten vor Schluss den Jugoslawen einwechselte, war alles zu spät. Ein Ausländer zu viel.

Zweiter Streich: Fritz Walters 2:0 gegen Leeds

Wie immer beim VfB hatte Zeugwart Seitz den Spielberichtsbogen ausgefüllt und auch da schon einen Regelverstoß begangen. Selbst auf dem Spielformular dürfen nur drei ausländische Spieler aufgeführt werden. Doch erst in jener 83. Minute ging Ulrich Ruf auf der Tribüne in Leeds ein Licht auf. Er saß ganz oben. Rund 70 Meter von der Trainerbank entfernt, auf der die Entscheidung gefällt wurde. Er sah, wie Simanic seine Trainingsjacke auszog, sah das Unheil kommen. Er schrie, wollte funken, telefonieren. Aber seine Not blieb unerhört. Weder Christoph Daum noch Dieter Hoeneß konnten unten auf der Bank die flehentlichen Blicke sehen, nicht einmal erahnen. Und erschraken erst nach dem Schlusspfiff.

Da stürmte Ulrich Ruf in die Kabine. Sah die Spieler mit ihren hängenden Köpfen ob der 1:4-Niederlage und doch erleichtert. Es hatte gereicht, sportlich waren die Stuttgarter für die zweite Runde qualifiziert. Er zog Dieter Hoeneß zur Seite und informierte ihn über den Wechselfehler. Und mannhaft gab Hoeneß den Fauxpax zu und an die Mannschaft weiter. Doch die wurde zum Stillschweigen verdonnert. Doch auch so war das Unheil nicht mehr aufzuhalten.

Auch pfiffigen Journalisten auf der Tribüne war aufgefallen, dass da ein Ausländer zu viel an Bord war. Auch ihnen waren die Folgen

sofort bewusst. Da half kein Stillschweigen mehr, der Fall war öffentlich und damit geschichtsträchtig.

Dieter Hoeneß bot seinen Rücktritt an, scheiterte aber am Einspruch von Präsident Gerhard Mayer-Vorfelder. Christoph Daum bot seinen Rücktritt an – ebenfalls abgelehnt. Doch die Folgen waren fatal: Daum und Hoeneß hatten in Stuttgart ihre Glaubwürdigkeit verloren und mussten doch gehen. Wenn auch erst später.

Drei Tage später tagte die Kontroll- und Disziplinar-Kommission der UEFA. Deren Sekretär René Eberle war genauso perplex wie der VfB: »So einen Fall hatten wir noch nie.« Die Engländer jubelten schon im Vorfeld. Für sie stand das Urteil fest: Wer gegen die Regeln verstößt, muss rausfliegen.

Weil Gerhard Mayer-Vorfelder, nicht nur gewiefter Politiker, sondern ebenso cleverer Funktionär, aber persönlich bei UEFA-Generalsekretär Gerd Aigner Selbstanzeige erstattet hatte, fiel das Urteil anders aus, als von Leeds gewollt: Das Spiel in England wurde mit 3:0 gewertet. Damit war eine Pattsituation entstanden. Das Gericht hatte so den Tatbestand von Punkt- und Torgleichheit hergestellt. Also musste ein Entscheidungsspiel anberaumt werden. Um aus dieser Neuansetzung für keinen von beiden einen finanziellen Vorteil entstehen zu lassen, wurde als Austragungsort das spanische Barcelona ausgewählt.

Im Nou Camp, das über 100 000 Zuschauern Platz bietet, verloren sich nur wenige tausend eingefleischte Fans. Sie sahen, wie der VfB mit 1:2 verlor und so die Quittung erhielt für die größte Panne, die wohl je einem deutschen Klub im Europacup widerfahren ist.

Noch heute rätseln die Experten über den finanziellen Verlust, der dem VfB entstanden war. Die Rechnung, schnell bis auf 20 Millionen Mark hoch addiert, hat weitaus größere Dimensionen. Der VfB verpasste die Chance, sich im Meisterwettbewerb zu etablieren, Image aufzubauen und zu einer festen Größe auf der europäischen Landkarte zu werden, Daum die Chance, sich unter die Großen einzureihen. Und für viele Spieler war es die letzte Chance, in Europa für Schlagzeilen zu sorgen. Dafür sorgte unfreiwillig ein Amateur namens Jovo Simanic.

28. Mai 1997 in München

Borussia Dortmund – Juventus Turin 3:1

Lars Ricken hebt Dortmund auf den Thron

Borussia Dortmund gegen Juventus Turin – das klingt wie eine unendliche Geschichte. »Juve«, die alte Dame aus der Industriestadt im Norden Italiens, regiert von FIAT und Konzernchef Giovanni Agnelli, ist so etwas wie das Vorbild der Dortmunder.

Vorzugsweise bedienten sich die Westfalen in der Einkaufsabteilung von Agnelli. Mit Stefan Reuter fing alles an. Er kam 1992 von Juventus zu Borussia. Und damals bediente sich BvB-Präsident Dr. Gerd Niebaum eines Dortmunder Industriellen namens Alexander Puller. Der kleine, gedrungene Gentleman unterhält beste Bezie-

Sekunden im Spiel: Lars Ricken setzt zu seiner 25-Meter-Bogenlampe an und entscheidet das Finale von München

hungen nach Italien, noch bessere zu Agnelli, und hat damit den direkten Draht in die Schaltzentrale von Italiens Rekordmeister.

Das Endspiel 1997 im Münchner Olympiastadion war deshalb so etwas wie das Aufeinandertreffen von Filiale und Zentrale. Und bis zu diesem Triumph hatte die Borussia genügend Anschauungsunterricht erhalten, genug Lehrgeld gezahlt. Alles begann 1993. Da hatte sich Dortmund im ersten Jahr der Ära von Trainer Ottmar Hitzfeld sensationell ins Finale des UEFA Cups vorgespielt. Hatte auf dem Weg dahin Celtic Glasgow, Real Saragossa, den AS Rom und AJ Auxerre ausgeschaltet. Der junge Torwart Stefan Klos hatte sich bis dahin eine Verdienstmedaille umhängen lassen. Als »Held von Auxerre« ging er in die BvB-Annalen ein, als er im entscheidenden Elfmeterschießen in Frankreich die Nerven behielt und so Borussia den Einzug in die beiden Finalspiele gegen Juventus ermöglichte.

Doch Juve war eben ein anderes Kaliber als zuvor etwa der AS Rom. Schon im Hinspiel, dem Heimspiel, hatte Dortmund nicht den Hauch einer Chance und verlor mit 1:3. Das Rückspiel wurde zu einem Betriebsausflug. Dort, im Stadio del Alpi, zeigte sich noch einmal die ganze Unterlegenheit. 0:3 hieß es am Ende – und Borussia war damit noch gut bedient.

Obwohl es ein Endspiel war, prallten hier zwei Welten aufeinander. Juventus, schon 1990 UEFA-Cup-Sieger, spielte wie ein Champion, Dortmund wie ein Lehrling. Geradezu plastisch wurde den Dortmunder Verantwortlichen vor Augen geführt, was wirklich noch fehlt. Und so gingen sie weiter auf Einkaufstour. Vorzugsweise in Italien und am liebsten weiterhin in Turin.

In dem Jahr des UEFA-Cup-Finales gehörte Matthias Sammer schon zum Kader. Aber Inter Mailand hatte den Transfer so hinausgezögert, dass Sammer seine Spielberechtigung verlor. Die Meldefrist bei der UEFA wurde überzogen. Noch heute halten sich hartnäckig die Gerüchte, dass der AS Rom Einfluss auf Mailands Hinhaltetaktik genommen hatte. Denn der AS Rom traf im Viertelfinale auf Dortmund. Dem Verein also kam es gelegen, dass Sammer nicht spielberechtigt war. Man munkelt noch heute, dass der AS Rom mit einer Millionen-Spritze Inter Mailand unter die Arme griff, um den Wechsel zu verzögern. So musste Hitzfeld zwei verschiedene Mannschaften aufbauen: in der Bundesliga mit Sammer, im Europacup ohne ihn. Der hielt sich in der Bundesliga schadlos und schoss in der Rückrunde als offensiver Mittelfeldspieler zehn Tore. Eine Bilanz, die ihm auf eine Saison hoch gerechnet, vielleicht sogar zur Torjäger-Krone gereicht hätte.

Aber immer mittwochs, wenn Borussia im Tempel Westfalenstadion zur Europa-Gala lud, war Sammer nur Zuschauer. Und doch das entscheidende Mosaiksteinchen auf Borussias Weg zu einer europäischen Macht.

Reuter, Kohler, Möller, Cesar – alle kamen sie aus Turin. Dazu Sammer aus Mailand, Riedle von Lazio Rom. Und als Sahnehäubchen obendrauf noch der extravagante Portugiese Paolo Sousa, ein technisch brillanter Spielmacher, der zusammen mit Figo (Barcelona, Madrid) oder Rui Costa (Florenz) schon U-20-Weltmeister war.

Vier Jahre später also hatte die Borussia ein ganz anderes Gesicht. Durch die Erfahrung, die die Italien-Heimkehrer den Schwarz-

Da ist der Pott: Karlheinz Riedle, zweifacher Torschütze, zeigt ihn allen

Gelben mitgebracht hatten und durch das Selbstbewusstsein, das sie ausstrahlten, war der ehemalige Lehrling längst zu einem ebenbürtigen Gegner gereift. Und doch galt Juventus Turin als haushoher Favorit in diesem Finale der Besten.

Ottmar Hitzfeld, jahrelang unumschränkter Herrscher in Dortmund, hatte aus dem Emporkömmling zwar einen zweifachen Meister geformt (1995 und 1996), doch sein Ruhm bröckelte. Längst war er nicht mehr unumstritten. Matthias Sammer, bei der EM 1996 noch zu »Europas König« gekrönt, hatte sich immer häufiger Auszeiten nehmen müssen. Der Körper streikte. Und schon rechneten Mitspieler öffentlich vor, wie erfolgreich sie ohne ihren Leitwolf waren und wie viele Gegentore sie mit ihrem rotschöpfigen Leader hatten einstecken müssen. »Mimose« nannten sie ihn. Und Andy Möller setzte in der Öffentlichkeit noch einen drauf: »Der soll sich mal richtig einen hinter die Binde kippen.« Fehlte nur noch, dass er ihm einen Besuch beim Psychiater empfohlen hätte ...

So etwas prallt auch an einem Matthias Sammer nicht wirkungslos ab. Der Trainer angeschlagen, der Leitwolf auch – die Vorzeichen standen nicht gut vor diesem Finale am 28. Mai 1997. Selbst nach dem Abschlusstraining in München war noch nicht klar, ob Sammer wirklich auflaufen konnte. Beim Aufwärmtraining trabte er hinterher, beim Abschluss-Spiel bat er Hitzfeld um Freistellung. Als die Reporter ihm erneut zu unterstellen versuchten, er würde kneifen, antwortete Sammer unwirsch: »Wann immer es geht, will ich Fußball spielen. Basta.«

Es ging. Und wie. Juventus, angetrieben vom französischen Spielmacher Zinedine Zidane, machte das Spiel. Erzwang, wie nicht anders erwartet, eine optische Überlegenheit. Aber die 69 000 im ausverkauften Münchner Olympiastadion sorgten für eine Heimatmosphäre. Sie peitschen Borussia nach vorne. Und zweimal nutzte Kalle Riedle eiskalt die sich bietenden Chancen. Mit 2:0 ging es in die Pause. Die Entscheidung?

Nein, Juventus wehrte sich und kam gleich nach dem Wiederanpfiff zum Anschlusstreffer durch Alessandro del Piero. Der kleine Zauberfuß hatte Borussia auch schon im UEFA-Cup-Finale geär-

Die Weltpresse verneigt sich vor Dortmund

Blick **(Schweiz): »Riedle, Ricken oder Ri-Riiiiisieg!«**
B.T. **(Dänemark): »Dortmund betriebssicher wie ein Volkswagen. Da konnte die Hightech-Feinmechanik à la Ferrari von Juventus nicht mithalten.«**
Daily Telegraph **(England): »Großes Juventus durch Raubtiere Riedle und Ricken zur Strecke gebracht.«**
The Independent **(England): »Juventus durch deutschen Biss vernichtet.«**
France Soir **(Frankreich): »Legendäres Dortmund.«**
L'Equipe **(Frankreich): »Dortmund war ein prachtvoller Sieger und gibt einen sehr schönen Europa-Champion ab.«**
El Pais **(Spanien): »Ein großer deutscher Schlag. Dortmund bereitet der Überlegenheit von Juve ein Ende.«**
ABC **(Spanien): »Borussia, ein weiteres deutsches Qualitätsprodukt.«**
Algemeen Dagblad **(Holland): »Dortmund kann zaubern. Gestern noch abgeschrieben, heute springlebendig.«**

Der Trainer und sein Joker: Ottmar Hitzfeld (r.) und Lars Ricken

gert und wundweid geschossen. Das Zittern begann. Und der Druck wurde immer stärker. Doch Matthias Sammer, Jürgen Kohler und Julio Cesar stemmten sich gegen die Angriffswellen aus dem Norden Italiens. Bis Trainer Ottmar Hitzfeld sein Glück provozierte. Er nahm Stephane Chapuisat, den torgefährlichen Schweizer, aus der Mannschaft und brachte dafür den offensiven Mittelfeldspieler Lars Ricken. Die Spieluhr zeigte die 71. Minute. Es folgte ein Fußball-Märchen. Nur fünf Sekunden später erhält Ricken ein Zuspiel von Möller. Er steht auf der rechten Seite kurz hinter der Mittellinie, läuft ein paar Schritte und setzt an zum Schuss. Es wird ein Heber aus 25 Metern. Eine traumhafte Bogenlampe, die sich hinter Juve-Keeper Peruzzi hinweg ins Netz senkt. Ein gewollter Zauberschuss. Ein Heber in die Unsterblichkeit. Eine Dreistigkeit, wie wir sie in einem so wichtigen Finale nur selten erlebten.

»Ich habe von der Bank aus beobachtet«, so erzählte Ricken später, »dass der Peruzzi immer zu weit vor seinem Kasten stand. Als ich endlich rein durfte, habe ich es einfach probiert. Und dass ich dann auch noch treffe, davon hatte ich nicht einmal zu träumen gewagt.«

Dieses herrliche 3:1 war die Entscheidung, der Todesstoß für die alte Dame aus Turin, die kein Mittel mehr fand, die erneut vom überragenden Sammer organisierte Dortmunder Abwehr zu knacken. So ein Traumtor trifft die Seele einer Mannschaft, die sonst mit technischer Finesse ihrem Gegner den Zahn zu ziehen versucht.

Dortmund feierte Lars Ricken. »Dieser Ricken muss ein Glücksschwein gefressen haben. Der ist so gut drauf, der ballert auch noch die Glocken aus dem Kirchturm«, überschlug sich Andy Möller vor Begeisterung. Weitaus nüchterner das Urteil von Hitzfeld: »Unglaublich, dass man in diesem Alter schon so abgezockt sein kann.«

Lars Ricken, mit zwanzig Jahren ganz oben auf dem Fußball-Olymp. Auf der Champions-League-Party im Münchner Sheraton-Hotel steckte er sich genüsslich eine Davidoff-Zigarre an, lehnte sich zurück und lauschte der Rede seines Präsidenten. »Wir sind die Nummer 1 in Europa. Riedle und Ricken haben drei Tore für die Unsterblichkeit geschossen.« Eine Sternstunde für einen Zwanzigjährigen, wie sie nur wenige erleben dürfen. Und schon Historie.

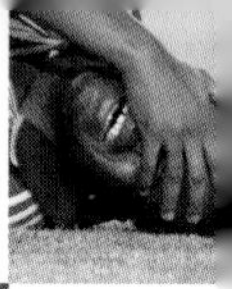

OPEL

26. Mai 1999 in Barcelona

FC Bayern München – Manchester United 1:2

Der »Sekunden-Tod« von Barcelona

Das Schlimmste ist, das entrissene Glück auch noch vor Augen zu haben. Das Bild von der silbern funkelnden, 7,5 Kilogramm schweren Champions-League-Trophäe, an der jeder Bayern-Spieler bei der Siegerehrung vorbeigehen musste und nur sehnsüchtig hinschauen durfte, statt jubelnd zuzupacken. Da spürte jeder Einzelne noch mal ganz brutal, was er in diesen grausamen 138 Sekunden verloren hatte. Sie wollten als Helden in die Fußballgeschichte eingehen und standen plötzlich als Verlierer da.

Die Dramaturgie des Finales des Champions-League-Wettbewerbs 1999 wird für immer unvergessen bleiben. Die Bayern wollten endlich nach 1976 wieder den begehrten Pokal gewinnen, und Manchester United träumte davon, an die glorreiche Vergangenheit anzuknüpfen: 1968 hatten sie diesen Wettbewerb das letzte Mal gewonnen.

Die beste deutsche Mannschaft gegen die beste englische Mannschaft – da spielte es keine Rolle mehr, dass beide Teams nur als Vizemeister in die Champions League gerutscht waren. Zudem war auch noch ein Fußball-Tempel besonderer Art, das Stadion Nou Camp in Barcelona, Austragungsort dieses Endspiels, und die 90 000 Karten waren binnen Stunden ausverkauft gewesen.

Es sollten 90 spannende, schöne und packende Minuten werden – und eben drei in der Nachspielzeit, die das Freudenfest in ein Drama verwandeln sollten.

Die Trauer frisst die Seele auf. Lothar Matthäus voller Mitgefühl mit Carsten Jancker

Dabei hatte alles so gut angefangen für die Mannschaft von Trainer Ottmar Hitzfeld, der den Pokal schon 1997 mit Borussia Dort-

mund gewonnen hatte. In der sechsten Minute gibt Schiedsrichter Pierluigi Collina (Italien) Freistoß für die Bayern, Torentfernung etwa 20 Meter, halblinke Position.

Sofort eilt Mario Basler von der rechten Seite herüber und legt sich den Ball liebevoll zurecht, wie immer das Ventil nach oben. Er läuft an und platziert die Kugel ganz frech flach in der Torwartecke.

Eigentlich ein klarer Fall für Dänemarks Nationalkeeper Schmeichel. Aber eben nur eigentlich, denn Schmeichel war schon in die andere Ecke unterwegs. Das 1:0 für Bayern nach sechs Minuten war genau der Traumstart, den sich die Münchner erhofft hatten.

Zudem gab es Chancen genug, das Spiel frühzeitig zu entscheiden: Scholl traf den Pfosten, Jancker die Latte - das 2:0 wollte einfach nicht fallen. Trainer Ottmar Hitzfeld: »Ich bin mir sicher, dass wir den Platz als Sieger verlassen hätten, wenn eine dieser vielen Chancen drin gewesen wäre.«

Dann sind die 90 Minuten endlich vorbei. Aber der UEFA-Beauftragte an der Seitenlinie reißt seine elektronische Anzeigentafel hoch, eine rote Drei blinkt auf. Drei Minuten Nachspielzeit, drei Minuten Bayern-Albtraum.

Lähmendes Entsetzen im Bayern-Tor, v.l.: Michael Tarnat, Oliver Kahn, Mehmet Scholl

Exakt 90 Minuten und 28 Sekunden sind gespielt, als die Bayern nach einem unnötigen Babbel-Rückpass den Ball verlieren. Manager Uli Hoeneß ist noch heute in der Rückbetrachtung entsetzt: »Den muss er doch nur wegschlagen, dann passiert gar nichts.«

So aber gibt es noch einmal Eckball für Manchester, getreten von Beckham von der linken Seite. Sogar ManU-Keeper Schmeichel taucht angesichts der letzten Möglichkeit im Bayern-Strafraum auf, verpasst aber wie Babbel den Ball. Dafür trifft Yorke die Kugel mit der Stirn nicht richtig und Fink, für Matthäus in der 80. Minute eingewechselt, könnte die Situation bereinigen, aber der verunglückte Befreiungsschlag schafft es nur bis zur Strafraumgrenze.

Sechs Sekunden hat die Szene bis hierhin nur gedauert, als der Ball nun bei Giggs landet, der abzieht, und der eingewechselte Sheringham den Ball aus der Drehung aus fünf Metern ins kurze Eck verlängert.

Das 1:1, alles wieder offen. Aber die Bayern wirken wie in Trance. Trainer Hitzfeld: »Durch diesen Treffer war ManU psychologisch im Vorteil.«

Jetzt sind es bereits 91 Minuten und 31 Sekunden: Anstoß für Bayern, Tarnat schlägt den Ball immer noch völlig verwirrt und

In zwei Minuten alles verloren – Samuel Kuffour am Boden zerstört

Trainer Alex Ferguson (Mitte) hat Grund zum Jubeln. Seine Männer haben den Bayern den Sieg weggeschnappt, mit zwei Treffern in der Nachspielzeit

planlos nach vorne, obwohl kein Münchner Spieler bereitsteht. Sofort startet ManU einen weiteren Gegenangriff und holt noch eine Ecke durch Sheringham gegen Kuffour heraus.

ManU lässt sich ganz viel Zeit, will sich voll auf diesen Eckball konzentrieren, denn immerhin war Sekunden vorher nach einer ähnlichen Variante der Ausgleichstreffer gefallen.

Jeder Spieler, jeder Fan im Stadion, jeder TV-Zuschauer rund um den Erdball weiß, dass es die letzte Aktion des Finales in der regulären Spielzeit sein wird.

92 Minuten und 47 Sekunden sind vorüber, als die zwölfte ManU-Ecke in den Strafraum segelt. Es ist wieder Beckham, der Experte für Standardsituationen bei den Engländern, der an diesem Abend bereits sein 59. Pflichtspiel dieser Saison bestreitet. Aber eine präzise Ecke kriegt er auch nachts um 3 Uhr hin ...

Beckham zirkelt den Ball an den Fünfmeterraum, und wieder ist Sheringham da, der am kurzen Pfosten völlig frei zwischen Linke und Effenberg zum Kopfball kommt und den Ball verlängert.

Die Uhr zeigt 92 Minuten und 52 Sekunden, als Kuffours Gegenspieler Solskjaer sein Bein ganz lang macht und den Ball aus drei Metern unter die Latte lenkt. Manchester versinkt im Jubel,

Trainer Alex Ferguson ist außer sich: »Das ist unglaublich! Es ist doch sonst immer die Stärke der Deutschen, so ein Spiel noch umzudrehen.« Für Bayern München beginnt die Nacht der Tränen.

Wie unter Schock bekommen die Bayern-Spieler ihre Vize-Medaillen überreicht. Lothar Matthäus nimmt sie gleich wieder ab, Thomas Linke donnert sie auf den Rasen. Sammy Kuffour und Carsten Jancker weinen einfach nur noch und Bixente Lizarazu stammelt: »Da gibst Du ein Jahr lang alles und in zwei Minuten wird Dir alles genommen.«

Die Bayern sind am Boden, und während sich die meisten Augenzeugen in kollektives Schweigen hüllen, wird schon nach Schuldigen gesucht. Ex-Weltmeister Paul Breitner flucht: »Wer auch immer die Auswechslung von Matthäus zu verantworten hat, der hat den Pokal auf dem Gewissen.«

Nach 80 Minuten hatte Thorsten Fink den ausgepumpten Rekordnationalspieler abgelöst, und damit brach das Chaos in der Bayern-Defensive aus.

Trainer Ottmar Hitzfeld mit dem verlorenen Pokal

War die Auswechslung ein tragisches Missverständnis? Hitzfeld hatte die Zeichen von Matthäus so gedeutet, dass er mit seiner Kraft am Ende sei. Matthäus aber ließ nach dem Spiel wissen, er hätte noch bis zum Schlusspfiff durchhalten können. Mehmet Scholl attackierte Matthäus frontal: »Der seilt sich doch immer ab, wenn es eng wird.« Der Frust über das fatale Finish entlud sich in gegenseitigen Schuldzuweisungen.

Die schlimmste Entgleisung aber leistete sich Ersatzmann Thomas Helmer, der beide Mittelfinger ausfuhr und sie Richtung Trainer Ottmar Hitzfeld reckte. Seine Erklärung für diesen Ausraster: »Mit den beiden Fingern habe ich meiner Frau angezeigt, dass sie vom fünften in den zweiten Stock runterkommen soll.« Das sah die Bayern-Führung dann doch etwas anders und verhängte 10 000 Mark Geldstrafe und vereinsinterne Sperre für ein Spiel.

Ganz Deutschland litt an diesem Abend mit den Bayern. Tennis-Profi Boris Becker stöhnte: »Die Spieler sind jetzt mutterseelenallein. In der regulären Spielzeit waren sie ja der Champions-League-Sieger.« ARD-Experte Günter Netzer urteilte: »Seit ich Fußball sehe,

habe ich so etwas Grausames noch nie erlebt. Das war das Fürchterlichste und wird noch ewig in den Köpfen der Spieler bleiben.«

Größe in der Niederlage bewies einmal mehr Bayern-Präsident Franz Beckenbauer. Beim Bayern-Bankett nach der Niederlage meinte er: »Ich betone: Es ist ein Spiel, es war ein Spiel und wird immer ein Spiel bleiben. Wir haben keinen Kampf verloren, keine Schlacht verloren, wir haben nicht das Leben verloren. Wir haben ein Spiel verloren. Vielleicht hat so eine Niederlage auch etwas Gutes, vielleicht rückt man noch näher zusammen. Schöpfen wir Kraft aus dieser Niederlage und lernen, was man in Zukunft ein bisschen anders machen kann. Ich denke, dass wir vor einer sehr guten Zukunft stehen.«

Trotzdem nagte die Niederlage natürlich in dieser Nacht an den Bayern-Seelen. Um den Ärger zumindest kurzfristig aus den Köpfen zu kriegen, stürzten sich die Bayern-Stars nach dem Finale noch ins Party-Getümmel. Basler, Jeremies, Scholl, Zickler und Salihamidzic sprangen von den Stühlen, rissen sich die Hemden herunter und sangen voller Trotz »We are the champions«, den Klassiker von Queen.

Wer den Schaden hat, braucht für den Spott nicht zu sorgen. Getreu diesem Motto regnete es am nächsten Tag Hohn der englischen Presse. *Times*-Kolumnistin Lyne Truss: »Ich wünschte, ich könnte sagen, dass die enttäuschten Gesichter der Deutschen nicht zum Vergnügen beitrugen. Aber ich müsste lügen. Jeder traurige Ausdruck, der den Fernsehschirm erfüllte, erhöhte nur noch das Vergnügen.«

BBC kommentierte: »Lieber Boris Becker, lieber Franz Beckenbauer, liebe Steffi Graf! Eure Jungs haben eine höllische Tracht Prügel erhalten.« Und der *Mirror* fasste zusammen: »Die besten zwei Minuten in der Geschichte des Sports.« Das allerdings dürften die Bayern, die 90 Minuten lang nach den Sternen griffen, doch anders gesehen haben …

20. Oktober 1999 in Berlin

Hertha BSC Berlin – AC Mailand 1:0

Hertha meldet sich in Europa zurück

Aufstellung Hertha BSC am 20.10.1999
Kiraly – Helmer – Rekdal, van Burik, Sverrisson – Dardai (87. Sanneh), Deisler, Wosz, Michalke – Daei (70. Aracic), Preetz.

Die »alte Dame« Hertha spielte zum ersten Mal im Konzert der großen europäischen Mannschaften in der Champions League mit, und das tat sie in dieser Saison 1999/2000 mit großem Erfolg. Schon in der ersten Partie erkämpfte sich der Bundesliga-Dritte des Vorjahres ein achtbares 2:2 bei Galatasaray Istanbul. Damit hatte kaum jemand gerechnet, denn viele schätzten die Berliner in der Gruppe H der Vorrunde als Kanonenfutter für die großen Mannschaften aus Istanbul, Mailand und London ein.

Doch es kam ganz anders, als so viele vermuteten. Schon am zweiten Spieltag zeigte Hertha, wie stark sie zu dieser Zeit sein konnte. Die Berliner beherrschten die Weltklasse-Truppe von Chel-

Der Siegtreffer im Olympiastadion: Dariusz Wosz (r.) gewinnt gegen Mailands Alessandro Costacurta

sea nach Belieben, und bis die Engländer überhaupt begriffen, dass die Gastgeber ein ernst zu nehmender Gegner waren, lagen sie schon mit 0:2 zurück. Der persische Mittelstürmer Ali Daei hatte gegen die Briten einen glänzenden Tag erwischt und köpfte in der ersten Halbzeit zwischen den französischen Weltmeister-Verteidiger von 1998, Desailly und Lebeouf, zur Hertha-Führung ein.

Dann schlenzte er in der zweiten Hälfte den Ball an Torwart De Goey vorbei ins Netz. Millionen schauten an den TV-Geräten zu, besonders beim anschließenden Torjubel Alis, der etwas ganz Besonderes in deutschen Fußballstadien war. Das Bild von Daeis erhobenen Händen und sein aufwärts gerichteter Blick als Dank an Allah ging um die ganze Welt. »Der liebe Gott hat mir und unserer Mannschaft die Kraft gegeben, diesen eigentlich übermächtigen Gegner zu schlagen. Ich bin heute ein rundherum glücklicher Mensch.«

Der anschließende Elfer-Treffer von Chelsea konnte an der Jubelstimmung im ausverkauften Olympiastadion nichts ändern. Hertha hatte schon mit dem zweiten Auftritt eine kleine Sensation in der Königsklasse vollbracht und mit einem Paukenschlag seine Visitenkarte im europäischen Fußball hinterlassen.

Die »Party« war noch lange nicht beendet, denn am dritten Spieltag musste die Mannschaft nach Mailand ins Meazza-Stadion. Spätestens dort, so meinten die Kritiker, wird es die erste Niederlage in der Champions League setzen. Aber auch hier irrten die Pessimisten, denn Hertha spielte locker im gefürchteten San Siro auf und eroberte durch ein 1:1 (Tor: Daei) sensationell einen Punkt.

Jetzt hatte die europäische Presse Hertha für sich entdeckt. Die italienische Sporttageszeitung *Gazetta dello Sport* titelte: »Der Berliner Bär wird zum Raubtier.« Und das französische Sportblatt *L`Equipe* glaubte: »Die Zeit von Bayern und Dortmund ist vorbei, hoch lebe Hertha.« Somit gab es viele Vorschusslorbeeren für die Hertha vor der Partie an jenem 20. Oktober 1999 gegen den AC Mailand.

Die heißblütigen Italiener schienen bei Frostgraden in der deutschen Hauptstadt eingefroren zu sein. Stars wie Maldini oder Leonardo trugen gegen die Kälte schwarze Handschuhe, die Hertha-

Herthaner im Meazza-Stadion zu Mailand: Grund der Freude ist ein Remis gegen eine Weltklasse-Truppe. V.l.: Dariusz Wosz, Kai Michalke, Pal Dardai und Sixten Veit

ner benutzen solche Hilfsmittel nicht. Berlin machte gleich Dampf, und Mailand reagierte nur zögerlich auf die vielen Angriffe der Gastgeber. Über die Außen Michalke und Deisler wurde der gegnerische Strafraum unter Beschuss genommen. Die hoch gewettete Offensive der Italiener mit Schewtschenko, Bierhoff und Leonardo war beinahe ein Totalausfall, und ihre Gegenspieler van Burik, Helmer und Sverisson legten das Star-Trio gleich an die »Kette«.

Schon nach zwanzig Minuten hätte das Spiel 2:0 stehen können, doch erst parierte AC-Keeper Abbiati einen Daei-Kopfball, dann rutschte ein Wosz-Knaller nur an den Pfosten.

In der 41. Minute ist es dann soweit, und das Stadion explodiert förmlich, als die Hertha endlich in Führung geht. Daei köpft in den Lauf von Wosz, AC-Verteidiger Sala trifft den Ball nicht, und der Hertha-Spielmacher läuft plötzlich ganz allein aufs AC-Tor zu. Wosz schaut kurz auf und schiebt ganz cool in die lange Ecke ein.

Für den Torschützen gab es kein Halten mehr. Der kleine Ex-Bochumer (1,69 Meter) rannte direkt zur Haupttribüne, verteilte vor lauter Glück minutenlang Handküsse ins Publikum.

Den Schock des Gegentores konnten die Italiener bis zum Abpfiff nicht verdauen, und Berlin gewann verdient gegen die Topstars

aus Mailand. Herthas Coach Röber, der sich mit einer schweren Erkältung und einer Augenentzündung aus dem Bett auf die Trainerbank gequält hatte, krächzte: »Das war das Highlight meiner Karriere. Von zwei Siegen und zwei Unentschieden in dieser Hammer-Gruppe kann man nur träumen.«

Freude über Hertha-Punkte und Einnahmen: Manager Dieter Hoeneß

Fast anstrengender als die 90 Minuten gegen AC Mailand war das »Nachspiel« für den Torschützen des goldenen Tores Dariusz Wosz. Die Hertha-Anhänger rissen sich um den Nationalspieler, viele Journalisten wünschten sich von ihm ein Interview. So verließ Wosz als allerletzter Herthaner die Stätte des Triumphes. Das Tor aber ging ihm einfach nicht aus dem Kopf: »Noch nie war ich mir bei einer Chance so sicher, dass ich den Ball reinmachen würde. Der wichtigste Treffer meiner Karriere.« Wosz weiter: »Milan-Torwart Abbiati stand ganz weit links. Die rechte Seite war wunderbar offen für mich.«

Dann verriet er noch das Geheimnis seines Erfolges: »Es liegt in meiner Kindheit. Als Straßenfußballer in Halle habe ich den ganzen Tag gebolzt und nie etwas anderes im Kopf gehabt. Da lernt man rennen. Ich musste mich als Kleinster und Jüngster immer gegen die Stärksten durchsetzen. Da lernt man zu tricksen und zu wetzen.«

Die Berliner Mannschaft traf sich nach diesem historischen Abend ironischerweise bei einem Nobel-Italiener (»Prosecco«) zur Siegesfeier. Wosz aber fuhr direkt nach Hause und schaute sich bis vier Uhr morgens das Spiel gegen AC Mailand auf Kassette immer wieder an. Wie oft er dabei sein Tor bestaunt hat, kann nicht einmal der Mann des Abends sagen. »Sicherlich ist dabei die Fernsteuerung meines Videorekorders kaputt gegangen.«

Für die Röber-Truppe war der Sieg gegen Mailand die Fahrkarte zur Zwischenrunde. Hertha schaffte trotz der Niederlagen gegen Galatasaray (1:4) und bei Chelsea (0:2) als Gruppen-Zweiter den Sprung unter die letzten 16 Europas. Dort war aber gegen den FC Barcelona, FC Porto und Sparta Prag Endstation. Trotzdem hatte sich die Hertha eindrucksvoll im europäischen Fußball zurückgemeldet. Es war eine tolle Champions-League-Saison mit dem Sensationssieg gegen den AC Mailand.

29. Februar 2000 in Madrid

FC Bayern München – Real Madrid 4:2

Bayerns Sternstunden gegen Real Madrid

Trainer-Applaus: Bayern schlägt Real im Santiago-Bernabeu-Stadion zu Madrid. Ottmar Hitzfeld und seine Spitzentruppe

Es gibt Fußballstadien, die gelten unter den Spielern als heilig. Da kriecht die Gänsehaut schon bei der Anreise hoch. Wembley in London ist so ein Ort. Oder Nou Camp in Barcelona. Und sicherlich auch das Guiseppa-Meazza-Stadion in Mailand. Aber ganz besonders gilt das für das Bernabeu-Stadion von Real Madrid. Gewinnt man in dieser wunderschönen Arena, ist das mehr als ein

Sieg. Es ist ein Stück Fußballgeschichte, an dem auch der FC Bayern München mit einem denkwürdigen Kapitel mitgeschrieben hat.

Denkwürdige Tage waren es im Frühjahr 2000, denn als erste deutsche Mannschaft gewannen die Münchner vor 70 000 Zuschauern im Bernabeu-Stadion und das gleich mit einem begeisternden 4:2. Um dann das Rückspiel nur acht Tage später auch noch glatt mit 4:1 für sich zu entscheiden. Acht Tore, zwei Siege in der Zwischenrunde der Champions League – all das gegen die vermeintlich beste Mannschaft der Welt.

Real beging in der Vorgeschichte des Hinspiels einen verhängnisvollen Fehler, denn sie reizten die Bayern. Trainer Vicente del Bosque lästerte Tage vor der Partie: »Die Bayern spielen nur Bumm-Bumm-Fußball ohne Herz, nur mit Kampf.« Da musste Trainer Ottmar Hitzfeld nicht mehr viel sagen, sondern hielt seinen Spielern einfach nur diesen Spruch unter die Nase.

Die Gäste zogen im Bernaubeu-Stadion ein vorzügliches Kombinationsspiel auf. Präsident Franz Beckenbauer schwärmte: »Besser kann man nicht spielen, als wir das in der ersten Halbzeit getan haben.«

Mehmet Scholl gelang mit einem feinen Heber schon nach 21 Minuten das 1:0, Stefan Effenberg schlenzte nur 180 Sekunden später einen Freistoß frech ins kurze Eck zum 2:0.

Auch wenn Real zurückschlug und durch Morientes in der 25. Minute nach sensationeller Flanke von Roberto Carlos den An-

Begegnung zweier Weltklasse-Mannschaften. Die Bayern v.l.: Lothar Matthäus, Giovane Elber, Bixente Lizarazu, Paulo Sergio, Mehmet Scholl, Hasan Salihamidzic, Samuel Kuffour, Thorsten Fink, Markus Babbel, Oliver Kahn, Stefan Effenberg

schlusstreffer zum 1:2 erzielte, blieben die Bayern souverän. Thorsten Fink, der beim Gegentreffer noch gepatzt hatte, machte seinen Fehler in der 39. Minute höchstpersönlich wieder wett und erzielte mit Linksschuss aus 18 Metern das 3:1.

Doch erneut gaben sich die Gastgeber in einem der besten Champions-League-Spiele aller Zeiten nicht geschlagen. Kurz nach Wiederbeginn verkürzte Raul auf 2:3 (48.) und ließ die Real-Fans noch einmal hoffen.

Doch auch nach diesem Rückschlag blieben die Bayern eiskalt, und Paulo Sergio garnierte den überaus gelungenen Fußballabend mit seinem Kopfballtreffer zum 4:2-Endstand (66.).

Nach dem Schlusspfiff entluden sich dann auch beim Sieger die aufgestauten Emotionen. Giovane Elber giftete Richtung Real-Trainer Del Bosque: »Der Trainer von Real, Camacho, oder wie der heißt, Karamba, hat gesagt, dass die Deutschen nur kämpfen und nicht kombinieren. Heute hat er was gelernt. Nächstes Mal soll er die Fresse halten.«

Torwart Oliver Kahn, der erneut überragend hielt, war dagegen ganz cool: »Vor ein paar Wochen noch war Real nahe an einem Abstiegsplatz in der spanischen Liga. Sie mussten also Schwächen haben. Und diese Schwächen haben wir ausgenutzt.«

Elber und Scholl narrten die hüftsteifen Innenverteidiger Hierro und Karanka. Salihamidzic, Effenberg und Sergio ließen den Brasilianer Roberto Carlos immer wieder in ihrem magischen Dreieck

Real Madrid v.l.: Fernando Hierro, Raul Gonzalez, Fernando Redondo, Aitor Karanka, Fernando Morientes, Michel Salgado, Iker Casillas, Guti, Geremi, Nicolas Anelka, Roberto Carlos

verschwinden. Ein sensationeller Schachzug von Trainer Hitzfeld, dass er Salihamidzic statt Babbel gegen Carlos brachte. So war der Mann, der um die Ecke schießt, meistens in der Defensive gefesselt.

Babbel und Kuffour legten Morientes und Anelka an die Kette, und Keeper Oliver Kahn zog die Bälle wie ein Magnet an. So könnte man über die gesamte Mannschaft spazieren, die Real an die Wand spielte, als wäre es eine Jugendmannschaft. Da konnte sich Wunderknabe Raul (360 Millionen Mark fest geschriebene Ablösesumme) noch so mühen. Bayerns Weltmeister Lizarazu analysierte: »Wir haben in diesem Spiel gezeigt, dass wir das Potential haben in allen Bereichen: Technik, Fitness, Mentalität. Wenn wir auf dem Platz sind, muss derjenige, der uns schlagen will, sehr, sehr stark sein.«

Gespannte Atmosphäre beim anschließenden Bankett im Nobel-Hotel Villa Magna: Wie würde wohl diesmal die Ansprache von Franz Beckenbauer ausfallen? Der Kaiser lächelte: »Nachdem auch der letzte Gladiator einmarschiert ist, möchte ich die Frage in den Raum stellen: Habt Ihr so etwas schon mal gesehen?« Pause – Applaus – Pause. Beckenbauer: »Ich auch nicht. Darum ersuche ich Sie jetzt alle, ausnahmsweise die Mannschaft zuerst ans Büffett zu lassen. Die Burschen sind so viel gelaufen, die haben sich das verdient.«

Alle waren gekommen. Stefan Effenberg mit seiner Frau Martina, Oliver Kahn mit seiner Simone. Lothar Matthäus als einziger Spieler nicht in Trainingssachen, sondern im feinen Klubanzug. Ein, zwei Weißbier, ein Glas Rotwein (Rioja) oder Weißwein (Pares Palta, Jahrgang 99). Plötzlich kam auch noch ein Überraschungsgast: Real-Star Karembeu erschien und setzte sich zu seinem Weltmeister-Kollegen Lizarazu, um den Frust wegzuspülen.

Der kauzige Real-Präsident Lorenzo Sanz zeigte sich als guter Verlierer: »Ich gehe nach Hause, um mir das Spiel noch einmal anzuschauen. Ich bin wohl Masochist. Im Ernst: Bayern ist eine Riesen-Mannschaft, von der wir lernen können.«

Sogar die spanische Presse produzierte Lobeshymnen. *El Pais*: »So ist das Bernabeu-Stadion noch nie gestürmt worden.« Oder *El Mundo Deportivo*: »Bayern München bringt Real Madrid zum Schweigen.« Und *As* sah den Ausschlag für die Niederlage in der

Bayern beherrscht Real und schafft dennoch nicht das Finale. Anelkas Treffer ist einer zuviel. Hier verhindern ihn noch Patrik Andersson und Mehmet Scholl (unten)

Taktik: »Herz alleine reicht eben nicht gegen eine der besten Mannschaften der Welt.« Da mochte die internationale Presse nicht widersprechen. *Gazetto dello Sport* (Italien): »Der Bayern-Schlag! Vier Tore in Madrid. Die Bayern mit perfekt organisiertem Spiel.« *The Sun* (England): »Gegen diese Bayern wäre auch Manchester untergegangen.«

Die Bayern eine der besten Mannschaften der Welt, was sie im Rückspiel noch einmal unterstrichen. Übrigens für Real Madrid auch ein ganz besonderes Stadion, denn in München hatten sie noch nie gewonnen, was sich an diesem Abend nicht ändern sollte. 59 000 Zuschauer hofften nach dem 4:2 in Madrid natürlich wieder auf ein Feuerwerk und bekamen es tatsächlich geboten. Zum einen auf dem Rasen, zum anderen am Himmel zum Abschied von Lothar Matthäus.

Mehmet Scholl zündete die erste Rakete schon in der vierten Minute und erzielte aus abseitsverdächtiger Position das 1:0. Schiedsrichter Dick Jol (Holland) schrieb die Vorlage allerdings Real-Spieler Hierro zu und gab deshalb das Tor.

Die Vorlage zum 2:0 gab ausgerechnet Torwart Oliver Kahn mit einem ganz langen Abschlag. Elber ließ den Ball zweimal auf dem Oberschenkel tanzen und lupfte ihn über Keeper Casillas ins Netz (30.). Franz Beckenbauer warnte aber in der Pause noch: »Vorsicht, Real wird noch einen Zahn zulegen.« Tatsächlich schaffte der 27-malige spanische Meister das 1:2 durch Helguera (69.) und drängte auf einmal auf den Ausgleich.

Aber Trainer Ottmar Hitzfeld trickste Real wieder aus, wechselte zur Überraschung der Gäste Elber aus und brachte Alexander Zickler, und der Turbo-Sprinter der Bundesliga nutzte die Riesenlöcher in der Real-Abwehr eiskalt aus: zwei Konter, zwei Tore in der 79. und 90. Minute.

Franz Beckenbauer: »Jeder Spieler, der in diesen beiden Spielen dabei war, wird das nie vergessen. Siege gegen Real Madrid sind schon selten genug. Aber zweimal vier Tore gegen Real zu schießen, ist seltener als die Blaue Mauritius.« Trainer Ottmar Hitzfeld: »Bisher war das Finale gegen Manchester – trotz der Niederlage – unser bestes Spiel. Jetzt führen diese beiden Siege gegen Real meine persönliche Hitparade an.«

Fast schon Wahrsagerqualitäten bewies Bayern-Star Lizarazu, als er nach den zwei Siegen gegen Real warnte: »Nur nicht abheben! Seit dem Champions-League-Drama gegen Manchester in Barcelona 1999 wissen wir, dass schon eine Niederlage genügt, um alles Erreichte zu zerstören.«

Genauso sollte es im Halbfinale kommen, denn Bayern musste wieder gegen Real spielen und verlor diesmal im Bernabeu-Stadion mit 0:2. Trotz einer großartigen Leistung beim 2:1-Erfolg im Rückspiel reichte es nicht. Bayern schied aus, Real kam weiter und gewann die Champions League im Finale mit 3:0 gegen Valencia. Da spielte es plötzlich keine Rolle mehr, dass sie drei von vier Spielen gegen die Bayern verloren hatten.

13. September 2000 in Hamburg

Hamburger SV – Juventus Turin 4:4

Das Jahrhundertspiel im Volkspark

Aufstellung Hamburger SV am 13.9.2000:
Butt – Panadic, Hoogma, Hertzsch – Groth (27. Töfting), N. Kovac, Hollerbach (46. Ketelaer) – Cardoso (67. Präger) – Mahdavikia, Barabarez – Yeboah.

Ältere HSV-Fans schwärmten in den letzten Jahren immer wieder von den gleichen Spielen. Die Deutsche Meisterschaft 1960 gegen den 1. FC Köln (3:2), die Pokalerfolge gegen Kaiserslautern (2:0) oder die Kickers aus Stuttgart (3:1), der 4:3-Sieg nach 1:3-Rückstand beim FC Bayern 1982. Nicht zu vergessen natürlich die Europacupfinal-Triumphe gegen Anderlecht 1977 (2:0) und Juventus 1983 (1:0).

Siebzehn lange Jahre hatten die Hamburger Anhänger kaum mehr Grund, einem weiteren Spiel gedanklich nachzuhängen. Das ist seit dem 13. September 2000 anders, denn die erste Champions League-

Ebenbürtig: Weltfußballer Zinedine Zidane gegen Hamburgs Dänen Stig Töfting

Partie zwischen dem HSV und Juventus Turin wurde zu einem absoluten Knüller.

Es war ein wirkliches Drama. »Irre, traumhaft, verrückt«, titelten die Zeitungen und suchten in ihren Berichten nach Superlativen wie »unfassbar«, »genial« oder »sensationell«. Diese 4:4 wird immer zu den historischen Spielen im Europacup-Fußball zählen, denn die Partie bei Nieselregen und nur 16 Grad Celsius war eine ganz heiße Angelegenheit. Es war der helle Wahnsinn, Spannung, Leidenschaft und acht Tore. Eine Nacht der Superlative und mit Sicherheit die beste Partie des Jahres.

Pünktlich zu dem Fußball-Schocker wurde auch das neue Volksparkstadion fertig gestellt. Die ehemals »kälteste Schüssel der Welt« war 1998 total abgerissen und auf demselben Grundstück ganz neu errichtet worden. Das architektonische Prunkstück kostete 190 Millionen Mark. Ein Schnäppchen im Vergleich mit anderen Arenen dieser Größe. 55 000 Zuschauer (bei Europacup-Spielen nur 48 500 Zuschauer) fasst das Stadion. Exklusive Logen und so genannte Business-Sitze machen die Sportstätte und damit den HSV wieder attraktiv für die Wirtschaft.

Die Inspekteure der WM 2006 waren vom ersten Eindruck so sehr begeistert, dass sie dem Volkspark gleich nach dem ersten Besuch den Zuschlag als Weltmeisterschaftsspielstätte gaben. Somit werden bis zum Viertelfinale in Hamburg WM-Partien stattfinden.

»Vater« dieser Kultstätte ist HSV-Boss Werner Hackmann. Der Ex-Innensenator der Hansestadt hatte alle seine Beziehungen spielen lassen und baute gegen viele Widerstände das Stadion. Rechtzeitig zum Juve-Kracher wurden die großen »Panasonic«-Anzeigetafeln aufgehängt und die letzten Lammellen des Daches montiert. Eine herrliche Spielstätte für ein wunderbares Spiel.

Juventus Turin landete mit einem Airbus in der Hansestadt. Auf der Rollbahn des Flughafens Fuhlsbüttel warteten schon die Busse, um die Superstars des europäischen Fußballs schnell und ohne Fankontakt ins Elysee-Hotel in der Innenstadt zu bringen. Für Zinedine Zidane, Edgar Davids, Alessandro del Piero und »Peppo« Inzaghi war ein ganzes Stockwerk reserviert worden. Die Südländer

Ein Beitrag zur Partie des Jahres: Edgar Davids im gestreiften Juve-Trikot muss Sergej Barbarez passieren lassen.

gaben sich ganz relaxt, spazierten an der schönen Hamburger Außenalster oder gingen in die City, um zu shoppen. Das geplante Vormittagstraining vor dem Spiel fiel auch flach, denn die Herren fühlten sich nicht in der Lage, im Sternschanzen-Park die Beine zu lockern – Juve bis aufs Herz ganz cool.

Die Hamburger dagegen wirkten sehr angespannt. Ihr Premierenauftritt in der Champions League sollte nicht zu einer Blamage werden. Kaum jemand räumte ihnen eine Chance in der sogenannten »Todesgruppe« ein. Die Gegner aus Turin, von Deportivo La Coruna und Panathinaikos Athen schienen übermächtig, und somit musste der Aberglaube herhalten. Extra aus Stuttgart ließ Team-Manager Bernd Wehmeyer rote »Fila«-Trikots einfliegen. In dieser Farbe hatten die Hamburger 1983 in Athen den Europacup der Landesmeister gegen Juventus Turin gewonnen.

Diese Schmach ist bis heute in der Autostadt unvergessen, und der Siegtorschütze Felix Magath schwebt wie ein Geist über dem Klub-Gelände von Juventus. Turins Trainer Carlo Ancelotti: »Diesen Namen kennt bei uns jeder Fan. Er hat uns mit seinem Treffer

bei der 0:1-Pleite in Athen genau ins Herz getroffen. Und das blutet noch immer.«

Vielleicht also auch eine Art Revanche nach 18 Jahren. Beim Einlaufen der Mannschaften brodelte das ausverkaufte Stadion, und die Nordkurve mit den treusten Anhängern hielt überdimensionale Bilder der Europacuphelden von 1983 und ein riesiges Transparent hoch, auf dem zu lesen stand: »Legenden sterben nie.«

Eine Begegnung wie auf einem Starkstrommast, und genauso startete der Gastgeber. Aggressiv, mit wildem Forchecking, doch Juve blieb ganz cool, kombinierte im Stil einer Klassemannschaft.

Del Piero schlug eine Ecke von rechts, drei Hamburger Verteidiger flogen kollektiv am Ball vorbei und irgendwie kam Abwehr-Riese Tudor (8.) an den Ball und köpfte vorbei an HSV-Keeper Butt ins Netz. Ein eiskalter Schauer auf die erhitzten und hoffnungsvollen Hamburger Gemüter, und plötzlich war es totenstill in der Arena. Die Zuschauer waren sprachlos, denn so hatten sie sich das Fußball-Spektakel nicht vorgestellt.

Ein kapitaler Fehlstart, doch nach wenigen Augenblicken der kollektiven Trauer schöpften die Fans wieder Mut. Die Hamburger kamen wieder in Tritt, aber Juve blieb brandgefährlich, konterte blitzschnell. Butt rettete mit einer Fußabwehr vor Inzaghi.

In der 17. Minute schien ein Erdbeben den neuen Fußball-Tempel erfasst zu haben, als Rodolfo Cardoso einen wunderschönen Freistoß in den Strafraum zirkelte und Stürmer Anthony Yeboah per Bogenlampe über Juve-Keeper van der Sar hinweg das 1:1 köpfte. Yeboah: »Ich habe immer gefühlt, dass ich das Tor machen werde. Toll, dass es mir gerade gegen Turin gelungen ist.«

Die Welt bei den Hamburgern war wieder in Ordnung, und oben auf der Tribüne lagen sich wildfremde Menschen in den Armen, konnten ihr Glück nicht fassen und feierten den HSV. Hamburg hatte jetzt wieder Oberwasser, so wie in den ersten drei Minuten der Partie.

Doch wieder lässt sich Juve nicht aus der Ruhe bringen. Weltmeister Zidane mit einem Geniestreich (36.). Der Franzose drehte sich wie ein Brummkreisel um Antreiber Niko Kovac, spielte millimetergenau den Ball für Inzaghi in die Gasse, und der Liebling der Turiner Frauen lupft die Kugel zum 2:1 für die Gäste ein.

Der nächste Schock folgte sieben Minuten nach der Pause. Ferrara passte auf Inzaghi, und der Stürmer ließ sich diese Chance wieder nicht entgehen und schien mit seinem 3:1 die Entscheidung zu erzielen.

Viele Zuschauer überlegten, ob sie nicht schon nach Hause fahren sollten, um dem Abfahrtsstau zu entgehen. Diese voreiligen Fußballfreunde werden sich ihr Leben lang fragen müssen, warum sie das nur getan haben. Denn sie verpassten die sensationellsten 30 Minuten der letzten zwanzig Jahre im Volksparkstadion.

Von irgendwoher gab es ein unsichtbares Startzeichen für die HSV-Truppe, denn nach dem Abpfiff konnte es niemand ganz genau erklären. Fakt ist aber, dass die Hamburger Profis sich plötzlich aufbäumten.

Der eingewechselte Marcel Ketelaer umkurvte Tacchinardi wie ein Trainingshütchen und passte scharf nach innen. Yeboah verpasste nur knapp, aber Mehdi Mahdavikia stocherte halb im Sitzen, halb im Fallen den Ball über die Linie zum 2:3. Nur der Anschlusstreffer oder war da noch etwas mehr drin? Zumindest hatten die Spieler mit diesem Tor den Glauben an ihre Stärke wieder zurückgewonnen.

Plötzlich klappte all das, was über eine Stunde lang unmöglich erschien, und die berühmten Namen der Gegner waren nur noch Schall und Rauch. Was zählte, war nur noch, den Ball ins Juve-Tor zu bugsieren, und das gelang tatsächlich erneut in der 72. Minute. Ferrara foulte den schnellen Turbo-Perser Mahdavikia im Strafraum, und Torhüter Butt schritt quer über den Platz zur Ausführung herbei.

Ein Stadion, fast fünfzigtausend Zuschauer, die schon lange nicht mehr auf ihren Sitzen saßen, hielten den Atem an. Der Keeper lief vier Schritte an und machte das 3:3 perfekt. 16 Elfmeter hatte der Kult-Keeper schon in der Bundesliga versenkt, jetzt feierte er in dieser Disziplin, die ihn berühmt gemacht hatte, eine Premiere mit dem ersten Butt-Tor in der Champions League.

HSV-Sieg in Turin

Das Rückspiel am 24. Oktober 2000 setzte den Defensiv-Spezialisten Jochen Kientz auf Juve-Superstar Zinedine Zidane an. In der 29. Minute verlor »Zizou« die Nerven und versetzte seinem Gegenspieler Kientz eine »Kopfnuss«. Rot für Zidane. Als vier Minuten später auch noch Antreiber Edgar Davids hinausgestellt wurde, war der Weg frei. Nach Toren von Präger (24.), Yeboah (48.), Panadic (62.) und einem Gegentreffer von Kovacevic (56.) siegte der HSV verdient in Turin.

Der Torwart-Torjäger: »Wenn ich ehrlich bin, hatte ich keine Gefühle vor dem Strafstoss. Ich wusste vorher auch nicht, wohin ich den Ball schieße. Das war immer so, das war noch nie anders.« Butt weiter: »Mir bedeuten Elfmeter nicht sonderlich viel. Ich will lieber zwischen den Pfosten gut spielen.«

3:3, das Spiel war plötzlich wieder offen, und wer dachte, der Siedepunkt der Partie sei schon erreicht, wurde getäuscht. Mahdavikia flankte scharf von rechts ein, Kovac rutschte, stolperte und kämpfte den Ball über die Linie. Acht Minuten vor Schluss war das Stadion endgültig ein Tollhaus. Alle feierten den Kroaten, der sich sein Trikot über den Kopf gezogen hatte und kniend die Arme zum Himmel streckte. Sogar die feineren Fans auf der Osttribüne waren aus dem Häuschen und warfen ihre dunkelblauen Sitzkissen mitten auf den Rasen.

Grund zur Freude: Niko Kovac hat den 4:3-Führungstreffer für den HSV erzielt, Roy Präger (l.) und Sergej Barbarez eilen zur Gratulation

Der HSV-Internetreporter schilderte die Führung so enthusiastisch und packend, dass sein Kommentar als Wertschätzung seiner Arbeit auf einer Weihnachts-CD des Bundesligisten verewigt wurde. Alle im Stadion zählten nur noch die Minuten und Sekunden bis zum Abpfiff. Der Triumph war zum Greifen nahe.

Nur noch 176 Sekunden waren zu spielen, da passierte das Unbegreifbare. Filippo Inzaghi war in den Strafraum gelaufen, der Winkel zum Tor fast schon zu spitz, um zu treffen. Verfolger Sergej Barbarez zerrte an seinem Trikot, der Juve-Star fiel wie vom Blitz getroffen zu Boden, und es gab Elfmeter. Sünder Barbarez war sich danach keiner Schuld bewusst: »Wenn der Schiedsrichter dieses Zupfen immer pfeift, geht das Spiel 15:14 aus. Er fällt wie erschossen. Ich mache mir keine Vorwürfe.« Aber später war der Bosnier einsichtiger: »Es war ein Reflex, das war nicht in Ordnung.« Stürmer-Kollege Marcel Ketelaer: »Sergej weiß doch ganz genau, was er gemacht hat. Aus der Truppe gab es gar keine Vorwürfe.«

Doch Trainer Frank Pagelsdorf war wütend auf den Sünder und polterte: »Ich habe ihm gesagt, dass es eine große Dummheit war. Wir waren in Überzahl und Inzaghi lief vom Tor weg.« HSV-Boss Hackmann tobte : »Das Foul war unnötig wie ein Kropf.«

Den fälligen Elfmeter verwandelte der Gefoulte selbst, und so machte er mit seinem dritten Treffer den 4:4-Endstand klar. Die HSV-Profis wussten nach dem Abpfiff gar nicht, ob sie sich freuen oder ärgern sollten. Die Fußball-Gala hatte alle im Stadion total ergriffen, und die Fans standen spontan auf und spendeten Beifall.

»Die Mannschaft hat mit der Unterstützung des Publikums eine tolle Moral bewiesen. Wir müssen keine Angst um die Zukunft in der Champions League haben. In diesem Spiel stieg mein Puls von Minute zu Minute rasant«, bekannte HSV-Boss Hackmann.

Auch die Italiener waren noch ganz im Bann des Sensationsspiels. Juve-Coach Carlo Ancelotti: »Eine unglaubliche Partie. Die Qualität war sehr hoch, und sie war sehr gut anzuschauen. Auf beiden Seiten gab es sehr viele Chancen. Nach dem 3:1 hätten wir als Sieger vom Platz gehen müssen. Aber der HSV nach der 4:3-Führung auch.«

FC BAYERN MÜNCHEN

23. Mai 2001 in Mailand

Bayern München – FC Valencia 1:1 (0:1) n.V., 5:4 i.E.

Wie Bayern das Glück erzwungen hat

Selten hat ein Finale so lange gedauert. Erst um 23.33 Uhr und 29 Sekunden war das Endspiel zwischen dem FC Bayern und Valencia entschieden. Nach zwei Stunden und 47 Minuten Kampf im Giuseppe-Meazza-Stadion von Mailand. 74 000 Zuschauer waren elektrisiert von der Spannung, von der Ausgeglichenheit, von der Verbissenheit. Dann endlich stand der Sieger fest: Der FC Bayern München hat nach 25 langen Jahren wieder Europas Fußballkrone nach München geholt.

»Bayern«, so lobte selbst Hollands Fußball-Idol Johan Cruyff, »hat die Ausstrahlung eines wahren Champions.« Die Münchner waren besser, überlegen (64 zu 36 Prozent Ballbesitz), aber auch nicht stark genug, Valencias Abwehr-Beton auszuspielen. Ganze sieben Gegentore hatte Valencia-Keeper Canizarez in den 16 Champions-League-Spielen zuvor kassiert.

Aber die Münchner hatten gelernt aus dem Sekunden-Tod von Barcelona, als Manchester zwei Jahre zuvor binnen Sekunden in der Nachspielzeit aus einem 0:1 ein 2:1 gemacht hatte. »Nie aufgeben, nie aufgeben«, hatte Oliver Kahn Tage zuvor gebrüllt. Da kassierten die Bayern in der 90. Minute das 0:1 in Hamburg, das den Verlust der Deutschen Meisterschaft bedeutet hätte. Doch Patrik Andersson verwandelte in der Nachspielzeit einen indirekten Freistoß noch zum 1:1. Das reichte, um Schalke auf Platz zwei zu verweisen. Im Finale von Mailand war es genauso. Immer und immer wieder lagen die Münchner zurück: 0:1 nach kaum drei Minuten; im Elfmeterschießen mit 0:1 und 1:2. Aber nie gaben sie auf. »Das

Sieg und Triumph gehören ihm: Oliver Kahn, der Held im Elfmeter-Krimi von Mailand

Glück«, so sagte Carsten Jancker stellvertretend für die ganze Mannschaft, »kann man erzwingen.«

Das war ein Verdienst von drei Männern: Oliver Kahn, der Torwart-Gigant, der nicht nur drei Elfmeter in diesem Endspiel parierte, sondern die Mannschaft immer wieder nach vorne peitschte. Dazu Kapitän Stefan Effenberg, der sich im Finale gegen Manchester noch versteckt hatte, doch jetzt glänzend Regie führte. Er war es, der den Elfmeter provozierte, den Scholl vergab. Er übernahm die Verantwortung, als es erneut einen Strafstoß gab, und verwandelte sicher zum 1:1. Er war es, der sich mit Valencias Spielmacher Mendieta anlegte und ihm so signalisierte: »Der Stärkere bin ich.«

Und der dritte im Bunde war Trainer Ottmar Hitzfeld. Der »General«, wegen seiner detaillierten Planung und eiskalten Ruhe so genannt, schaffte es als erster Trainer überhaupt, mit zwei verschiedenen Mannschaften die Champions League zu gewinnen: 1997 mit Dortmund, 2001 mit Bayern. Binnen sechs Jahren holte er acht Titel (!), darunter fünf Deutsche Meisterschaften und den Titel-Hattrick mit den Bayern.

Schwache Nerven: Elfmeter-Duell zwischen Mehmet Scholl (l.) und Jose Canizarez

17 Elfmeter, Kahn hielt 3

Das Finale von Mailand – ein Elfmeter-Festival. Schiedsrichter Dick Jol (45, Holland) zeigte insgesamt 17mal auf den Punkt. Dreimal während der 90 Minuten, insgesamt 14 Mal beim Elfmeterschießen.
Schon nach drei Minuten das 1:0 für Valencia. Andersson soll den Ball mit der Hand geblockt haben, Mendieta verwandelt sicher. Nur vier Minuten später Elfer für Bayern nach einem Foul an Effenberg. Mehmet Scholl, Bayerns sicherster Elfmeterschütze, schießt schwach und flach in die Tormitte. Canizarez hält. Den zweiten Elfmeter für Bayern in der 49. Minute, als Carboni den Ball mit der Hand spielt, tritt der Kapitän – Effenberg verwandelt zum 1:1.
Dann das Elfmeterschießen: Sergio verschießt, Mendieta zum 0:1. Salihamidzic zum 1:1, Carew zum 1:2, Zickler zum 2:2. Dann hält Kahn den Elfer von Zahovic. Doch auch Andersson verschießt. Dann die Teufelstat von Kahn. Er lenkt den Elfer von Carboni mit der Hand an die Latte, von der Unterkante springt der Ball vor die Torlinie. Effenberg macht das 3:2, Baraja das 3:3. Wieder Verlängerung.
Lizarazu trifft zum 4:3, Gonzalez zum 4:4, Linke zum 5:4. Dann der 17. und letzte Elfmeter: Pellegrino zielt halbhoch, doch Kahn fliegt richtig, ballt die Fäuste, wehrt ab. Und Rummenigge jubelt: »Wir haben mit Kahn den besten Torwart der Welt.«

Schnelle Reaktionen machen den Sieger: Oliver Kahn

»Wer Manchester, Madrid und Valencia schlägt, ist einfach der Beste«, lobte DFB-Teamchef Rudi Völler. In dieser Mördersaison mit 17 Spielen in der Champions League hatten die Bayern sicherlich den schwersten Weg. In der Vorrunde wurde Paris St. Germain (0:1, 2:0) ausgeschaltet. In der Zwischenrunde Englands Vizemeister Arsenal London (2:2, 1:0). Und dann kamen die Besten: Erst mit Manchester United im Viertelfinale der Gewinner von 1999, dann mit Real Madrid im Halbfinale der Sieger 2000. Vier Spiele der Extraklasse und vier Siege. Sowohl in Manchester als auch in Madrid ging der FC Bayern als Sieger vom Platz, beide Male mit 1:0. Im Stadion Old Trafford gelang Paulo Sergio der Siegtreffer,

Die Bayern in der Startformation, oben v.l.: Sagnol, Salihamidzic, Andersson, Effenberg, Linke; unten v.l.: Hargreaves, Scholl, Kuffour, Kahn, Elber, Lizarazu

in Madrid war es Giovane Elber – die beiden Brasilianer in Bayerns Diensten. Und auch in den Heimspielen gaben sich die Münchner keine Blöße. 2:1 gegen Manchester, 2:1 auch gegen Real.

Während es in der Meisterschaft insgesamt 9 Niederlagen hagelte, selbst Spiele gegen schwächere Teams wie Cottbus, Rostock oder Absteiger Frankfurt verloren wurden, riss sich diese Mannschaft in der Champions League zusammen, bündelte Kraft, Konzentration und Willen für das große Ziel, das Bayern 25 Jahre lang nicht mehr erreichen konnte: die Fußballkrone Europas.

Eine Million Zuschauer bereiteten der Mannschaft am Tag danach in München einen triumphalen Empfang. Und Oberbürgermeister Christian Ude strahlte: »Eine Meisterschaft zu feiern, ist bei uns ja schon Tradition. Die Champions League aber die Krönung.« Oliver Kahn brüllte ins ARD-Mikrofon: »25 Jahre, und jetzt ist er da!« und schwenkte den Pokal der begeisterten Masse auf dem Münchner Marienplatz entgegen. Uli Hoeneß sichtlich ergriffen: »So einen Empfang habe ich in München noch nie erlebt.«

Doch die Elf, die Ottmar Hitzfeld in San Siro aufbot, hatte ein Durchschnittsalter von 27,6 Jahren. Die Leistungsträger Kahn (31), Effenberg (32), Lizarazu (31), Scholl (30), Andersson (29) und Linke (31) waren an ihrem

Spannende Zweikämpfe, von oben: Bayerns Bixente Lizarazu (r.) gegen Valencias Kapitän Gaizka Mendieta, Owen Hargreaves gegen Pablo Aimar, Samuel Kuffour gegen John Carew

Konfetti und ein Pokal für den Champion 2001

Höhepunkt. »Sie sehen schon das Abendrot«, so Präsident Beckenbauer. Deshalb wurde in der Stunde des größten Erfolgs bereits an der Zukunft gebastelt. »Wir haben gesehen«, so Uli Hoeneß, »dass Erfolg nicht käuflich ist.« 116 Millionen Mark hatte Real Madrid ausgegeben, um Luis Figo aus Barcelona zu verpflichten. Der teuerste Münchner war Sagnol, der Franzose, für gerade mal 17 Millionen aus Monaco verpflichtet.

Obwohl der deutsche Fußball mit den Millionen-Summen in England, Spanien und Italien nach wie vor nicht mithalten kann, wanderte der Pokal dennoch nach Deutschland. Nach München, in die deutsche Fußball-Hauptstadt.

»Jetzt müssen wir eigentlich Alfred Hitchcock zu unserem Ehrenmitglied ernennen.« (Bayerns Vize-Präsident Karl-Heinz Rummenigge nach dem Elfmeter-Krimi von Mailand)

Die Endspiele seit 1956

1955/56 13. Juni 1956 in Paris — Real Madrid – Stade Reims 4:3 (2:2)

Madrid: Alonso, Atienza, Lesmes, Munoz, Marquitos, Zarraga, Joseito, Marchal, di Stefano, Rial, Gento. **Reims:** Jacquet, Zimny, Giraudo, Siatka, Jonquet, Leblond, Hidalgo, Glowacki, Kopa, Bliard, Templin. **Schiedsrichter:** Ellis (England); **Zuschauer:** 45 000; **Tore:** 0:1 Leblond (6.), 0:2 Templin (9.), 1:2 di Stefano (13.), 2:2 Rial (43.), 2:3 Hidalgo (61.), 3:3 Marquitos (67.), 4:3 Rial (78.)

1956/57 30. Mai 1957 in Madrid — Real Madrid – Fiorentina Florenz 2:0 (0:0)

Madrid: Alonso, Torres, Lesmes, Munoz, Marquitos, Zarraga, Kopa, Mateos, di Stefano, Rial, Gento. **Florenz:** Sarti, Magnini, Cervato, Scaramucci, Orzan, Segato, Julinho, Gratton, Virgili, Montuori, Bizzari. **Schiedsrichter:** Horn (Niederlande); **Zuschauer:** 125 000; **Tore:** 1:0 di Stefano (69.), 2:0 Gento (76.)

1957/58 29. Mai 1958 in Brüssel — Real Madrid – AC Mailand 3:2 (2:2, 0:0) n.V.

Madrid: Alonso, Atienza, Lesmes, Santisteban, Santamaria, Zarraga, Kopa, Joseito, di Stefano, Rial, Gento. **Mailand:** Soldan, Fontana, Beraldo, Bergamaschi, Maldini, Radice, Danova, Liedholm, Schiaffino, Grillo, Cucchiaroni. **Schiedsrichter:** Alsteen (Belgien); **Zuschauer:** 70 000; **Tore:** 0:1 Schiaffino (59.), 1:1 di Stefano (74.), 1:2 Grillo (79.), 2:2 Rial (80.), 3:2 Gento (108.)

1958/59 3. Juni 1959 in Stuttgart — Real Madrid – Stade Reims 2:0 (1:0)

Madrid: Dominguez, Marquitos, Zarraga, Santisteban, Santamaria, Ruiz, Kopa, Mateos, di Stefano, Rial, Gento. **Reims:** Colonna, Rodzik, Giraudo, Penverne, Jonquet, Leblond, Lamartine, Bliard, Fontaine, Piantoni, Vincent. **Schiedsrichter:** Dusch (BRD); **Zuschauer:** 75 000; **Tore:** 1:0 Mateos (1.), 2:0 di Stefano (47.)

1959/60 18. Mai 1960 in Glasgow — Real Madrid – Eintracht Frankfurt/M. 7:3 (3:1)

Madrid: Dominguez, Marquitos, Pachin, Vidal, Santamaria, Zarraga, Canario, del Sol, di Stefano, Puskas, Gento. **Frankfurt:** Loy, Lutz, Höfer, Weilbächer, Eigenbrodt, Stinka, Kreß, Lindner, Stein, Pfaff, Meier. **Schiedsrichter:** Mowat (Schottland); **Zuschauer:** 135 000; **Tore:** 0:1 Kreß (18.), 1:1, 2:1 di Stefano (27., 29.), 3:1, 4:1, 5:1, 6:1 Puskas (45., 53., 60., 70.), 6:2 Stein (72.), 7:2 di Stefano (73.), 7:3 Stein (75.)

1960/61 30. Mai 1961 in Bern Benfica Lissabon – FC Barcelona 3:2 (2:1)

Lissabon: Costa Pereira, Joao, Angelo, Neto, Germano, Cruz, Augusto, Santana, Aguas, Coluna, Cavem. **Barcelona:** Ramallets, Foncho, Garcia, Verges, Gensana, Garay, Kubala, Suarez, Evaristo, Kocsis, Czibor. **Schiedsrichter:** Dienst (Schweiz); **Zuschauer:** 30 000; **Tore:** 0:1 Kocsis (21.), 1:1 Aguas (31.), 2:1 Santana (32.), 3:1 Coluna (55.), 3:2 Czibor (75.)

1961/62 2. Mai 1962 in Amsterdam Benfica Lissabon – Real Madrid 5:3 (2:3)

Lissabon: Costa Pereira, Joao, Angelo, Cavem, Germano, Cruz, Augusto, Eusebio, Aguas, Coluna, Simoes. **Madrid:** Araquistain, Casado, Miera, Felo, Santamaria, Pachin, Tejada, del Sol, di Stefano, Puskas, Gento. **Schiedsrichter:** Horn (Niederlande); **Zuschauer:** 65 000; **Tore:** 0:1, 0:2 Puskas (18., 23.), 1:2 Aguas (25.), 2:2 Cavem (33.), 2:3 Puskas (40.), 3:3 Coluna (50.), 4:3, 5:3 Eusebio (63., 69.)

1962/63 22. Mai 1963 in London AC Mailand – Benfica Lissabon 2:1 (0:1)

Mailand: Ghezzi, David, Trebbi, Benitez, Maldini, Trapattoni, Pivatelli, Sani, Altafini, Rivera, Mora. **Lissabon:** Costa Pereira, Cavem, Cruz, Humberto, Raul, Coluna, Augusto, Santana, Torres, Eusebio, Simoes. **Schiedsrichter:** Holland (England); **Zuschauer:** 45 000; **Tore:** 0:1 Eusebio (18.), 1:1, 2:1 Altafini (58., 67.)

1963/64 27. Mai 1964 in Wien Inter Mailand – Real Madrid 3:1 (1:0)

Mailand: Sarti, Burgnich, Facchetti, Tagnin, Guarneri, Picchi, Jair, Mazzola, Milani, Suarez, Corso. **Madrid:** Vicente, Isidro, Pachin, Muller, Santamaria, Zocco, Amancio, Felo, di Stefano, Puskas, Gento. **Schiedsrichter:** Stoll (Österreich); **Zuschauer:** 75 000; **Tore:** 1:0 Mazzola (43.), 2:0 Milani (61.), 2:1 Felo (70.), 3:1 Mazzola (76.)

1964/65 27. Mai 1965 in Mailand Inter Mailand – Benfica Lissabon 1:0 (1:0)

Mailand: Sarti, Picchi, Burgnich, Guarneri, Facchetti, Bedin, Suarez, Corso, Jair, Mazzola, Peiro. **Lissabon:** Costa Pereira (57. verletzt ausgeschieden, dafür Germano im Tor), Cavem, Germano, Raul, Cruz, Neto, Coluna, Augusto, Torres, Eusebio, Simoes. **Schiedsrichter:** Dienst (Schweiz); **Zuschauer:** 80 000; **Tor:** 1:0 Jair (42.)

1965/66 11. Mai 1966 in Brüssel Real Madrid – Partizan Belgrad 2:1 (0:0)

Madrid: Araquistain, Pachin, de Felipe, Zocco, Suarez, Pirri, Velasquez, Serena, Amancio, Grosso, Gento. **Belgrad:** Soskic, Jusufi, Rasovic, Vasovic, Michailovic, Kovacevic, Becejak, Bajic, Hasanagic, Galic, Pirmajer. **Schiedsrichter:** Kreitlein (Bundesrepublik Deutschland); **Zuschauer:** 60 000; **Tore:** 0:1 Hasanagic (55.), 1:1 Amancio (70.), 2:1 Serena (76.)

1966/67 25. Mai 1967 in Lissabon Celtic Glasgow – Inter Mailand 2:1 (0:1)

Glasgow: Simpson, Greig, Gemmel, Murdoch, McNeill, Clark, Johnstone, Wallace, Chalmers, Auld, Lennox. **Mailand:** Sarti, Burgnich, Facchetti, Bedin, Guarneri, Picchi, Demenghini, Cappellini, Mazzola, Bicicli, Corso. **Schiedsrichter:** Tschenscher (Bundesrepublik Deutschland); **Zuschauer:** 60 000; **Tore:** 0:1 Mazzola (7., Foulstrafstoß), 1:1 Gemmel (62.), 2:1 Chalmers (85.)

1967/68 29. Mai 1968 in London Manchester United – Benfica Lissabon 4:1 (1:1, 0:0) n.V.

Manchester: Stepney, Brennan, Dunne, Foulkes, Crerand, B. Charlton, Stiles, Best, Kidd, Sadler, Aston. **Lissabon:** Henrique, Adolfo, Humberto, Jacinto, Cruz, Graca, Coluna, Augusto, Torres, Eusebio, Simoes. **Schiedsrichter:** Lobello (Italien); **Zuschauer:** 100 000; **Tore:** 1:0 B. Charlton (53.), 1:1 Graca (79.), 2:1 Best (92.), 3:1 Kidd (94.), 4:1 B. Charlton (99.)

1968/69 28. Mai 1969 in Madrid AC Mailand – Ajax Amsterdam 4:1 (2:0)

Mailand: Cudicini, Anquiletti, Schnellinger, Rosato, Malarasi, Trapattoni, Hamrin, Lodetti, Sormani, Rivera, Prati. **Amsterdam:** Bals, Suurbier (46. Muller), Vasovic, van Duivenbode, Hulshoff, Pronk, Groot (46. Nuninga), Swart, Danielsson, Cruyff, Keizer. **Schiedsrichter:** de Mendibil (Spanien); **Zuschauer:** 60 000; **Tore:** 1:0, 2:0 Prati (8., 39.), 2:1 Vasovic (61., Foulstrafstoß), 3:1 Sormani (66.), 4:1 Prati (73.)

1969/70 6. Mai 1970 in Mailand Feyenoord Rotterdam – Celtic Glasgow 2:1 (1:1, 1:1) n.V.

Rotterdam: Pieters-Graafland, Romeijn (107. Haak), Israel, Laseroms, van Duivenbode, Jansen, van Hanegem, Hasil, Wery, Kindvall, Moulijn. **Glasgow:** Williams, Hay, Gemmel, Murdoch, McNeill, Brogan, Johnstone, Wallace, Hughes, Auld (77. Connelly), Lennox. **Schiedsrichter:** Lobello (Italien); **Zuschauer:** 80 000; **Tore:** 0:1 Gemmel (29.), 1:1 Israel (31.), 2:1 Kindvall (117.)

1970/71 2. Juni 1971 in London Ajax Amsterdam – Panathinaikos Athen 2:0 (1:0)

Amsterdam: Stuy, Vasovic, Suurbier, Hulshoff, Rijnders (46. Blankenburg), Neeskens, Swart (46. Haan), Mühren, Cruyff, Keizer, van Dijk. **Athen:** Ikonomopoulos, Tomaras, Vlachos, Elefterakis, Kamaras, Sourpis, Grammos, Filakouris, Antoniadis, Domasos, Kapsis. **Schiedsrichter:** Taylor (England); **Zuschauer:** 100 000; **Tore:** 1:0 van Dijk (4.), 2:0 Haan (87.)

1971/72 31. Mai 1972 in Rotterdam Ajax Amsterdam – Inter Mailand 2:0 (0:0)

Amsterdam: Stuy, Suurbier, Hulshoff, Blankenburg, Krol, Haan, Neeskens, G. Mühren, Swart, Cruyff, Keizer. **Mailand:** Bordon, Bellugi, Burgnich, Oriali, Giubertoni (13. Bertini), Facchetti, Bedin, Mazzola, Frustalupi, Jair (56. Pellizzaro), Boninsegna. **Schiedsrichter:** Helies (Frankreich); **Zuschauer:** 67 000; **Tore:** 1:0, 2:0 Crujff (47., 76.)

1972/73 30. Mai 1973 in Belgrad Ajax Amsterdam – Juventus Turin 1:0 (1:0)

Amsterdam: Stuy, Blankenburg, Suurbier, Hulshoff, Krol, Neeskens, G. Mühren, Haan, Rep, Cruyff, Keizer. **Turin:** Zoff, Salvadore, Marchetti, Morini, Longobucco, Causio (73. Cuccureddu), Furino, Capello, Altafini, Anastasi, Bettega (54. Haller). **Schiedsrichter:** Gugulovic (Jugoslawien); **Zuschauer:** 93 500; **Tor:** 1:0 Rep (5.)

1973/74 15. Mai 1974 in Brüssel — Bayern München – Atletico Madrid 1:1 (0:0, 0:0) n.V.

München: Maier, Hansen, Schwarzenbeck, Beckenbauer, Breitner, Roth, Zobel, U. Hoeneß, Torstensson (75. Dürnberger), Müller, Kapellmann. **Madrid:** Reina, Melo, Eusebio, Heredia, Capon, Adelardo, Luis, Irureta, Ufarte (68. Beccera), Garate, Salcedo (91. Alberto). **Schiedsrichter:** Loraux (Belgien); **Zuschauer:** 57 000; **Tore:** 0:1 Luis (114.), 1:1 Schwarzenbeck (119.)

Wiederholungsspiel am 17. Mai 1974 in Brüssel
Bayern München – Atletico Madrid 4:0 (1:0)

München: Maier, Hansen, Schwarzenbeck, Beckenbauer, Breitner, Roth, Zobel, U. Hoeneß, Torstensson, Müller, Kapellmann. **Madrid:** Reina, Melo, Eusebio, Heredia, Capon, Adelardo (61. Benegas), Luis, Beccera, Alberto (65. Ufarte), Garate, Salcedo. **Schiedsrichter:** Delcourt (Belgien); **Zuschauer:** 25 000; **Tore:** 1:0 U. Hoeneß (29.), 2:0, 3:0 Müller (56., 69.), 4:0 U. Hoeneß (83.)

1974/75 28. Mai 1975 in Paris — Bayern München – Leeds United 2:0 (0:0)

München: Maier, Beckenbauer, Dürnberger, Schwarzenbeck, Andersson (3. Weiß), Roth, Zobel, Torstensson, U. Hoeneß (40. Wunder), Müller, Kapellmann. **Leeds:** Stewart, Hunter, Reaney, Madeley, Gray, Bremner, Giles, Yorath (75. McKenzie), Lorimer, Clarke, Jordan. **Schiedsrichter:** Kitabdjan (Frankreich); **Zuschauer:** 50 000; **Tore:** 1:0 Roth (70.), 2:0 Müller (76.)

1975/76 12. Mai 1976 in Glasgow — Bayern München – AS St. Etienne 1:0 (0:0)

München: Maier, Beckenbauer, Hansen, Schwarzenbeck, Horsmann, Dürnberger, Roth, Kapellmann, U. Hoeneß, Müller, K.-H. Rummenigge. **St. Etienne:** Curkovic, Lopez, Repellini, Janvion, Piazza, Santini, Larque, Bathenay, P. Revelli, H. Revelli, Sarramagna (83. Rocheteau). **Schiedsrichter:** Palotai (Ungarn); **Zuschauer:** 86 000; **Tor:** 1:0 Roth (58.)

1976/77 25. Mai 1977 in Rom — FC Liverpool – Bor. Mönchengladbach 3:1 (1:0)

Liverpool: Clemence, Neal, Smith, Hughes, Jones, Case, Callaghan, McDermott, Kennedy, Keegan, Heighway. **Mönchengladbach:** Kneib, Vogts, Klinkhammer, Wittkamp, Bonhof, Wohlers (79. Hannes), Simonsen, Wimmer (24. Kulik), Stielike, Schäfer, Heynckes. **Schiedsrichter:** Wurtz (Frankreich); **Zuschauer:** 60 000; **Tore:** 1:0 McDermott (28.), 1:1 Simonsen (51.), 2:1 Smith (65.), 3:1 Neal 84., Foulstrafstoß)

1977/78 10. Mai 1978 in London — FC Liverpool – FC Brügge 1:0 (0:0)

Liverpool: Clemence, Thompson, Neal, Hansen, Hughes, Kennedy, McDermott, Souness, Case (63. Heighway), Dalglish, Fairclough. **Brügge:** Jensen, Krieger, Bastijns, Leekens, Maes (72. Volders), Cools, Vandereycken, de Cubber, Simeons,

Kü (60. Sanders), Sörensen. **Schiedsrichter:** Corver (Niederlande); **Zuschauer:** 92 000; **Tor:** 1:0 Dalglish (64.)

1978/79 30. Mai 1979 in München — Nottingham Forest – Malmö FF 1:0 (1:0)

Nottingham: Shilton, Burns, Anderson, Lloyd, Clark, Francis, McGovern, Bowyer, Birtles, Woodcock, Robertson. **Malmö:** Möller, M. Andersson, R. Andersson, Jönsson, Erlandsson, Prytz, Tapper (34. Malmberg), Ljungberg, Hansson (82. T. Andersson), Cervin, Kindvall. **Schiedsrichter:** Linemayr (Österreich); **Zuschauer:** 77 000; **Tor:** 1:0 Francis (45.)

1979/80 28. Mai 1980 in Madrid — Nottingham Forest – Hamburger SV 1:0 (1:0)

Nottingham: Shilton, Anderson, Lloyd, Burns, Gray (66. Gunne), McGovern, O'Neill, Bowyer, Mills (83. O'Hare), Birtles, Robertson. **Hamburg:** Kargus, Kaltz, Nogly, Jakobs, Buljan, Hieronymus (46. Hrubesch), Keegan, Memering, Milewski, Magath, Reimann. **Schiedsrichter:** Garrido (Portugal); **Zuschauer:** 110 000; **Tor:** 1:0 Robertson (20.)

1980/81 27. Mai 1981 in Paris — FC Liverpool – Real Madrid 1:0 (0:0)

Liverpool: Clemence, Neal, Thompson, Hansen, A. Kennedy, Lee, McDermott, Souness, R. Kennedy, Dalglish (87. Case), Johnson. **Madrid:** Augustin, Navajas, Cortes, Sabido, del Bosque, Stielike, Angel, Camacho, Juanito (87. Pineda), Santillana, Cunningham. **Schiedsrichter:** Palotai (Ungarn); **Zuschauer:** 48 360; **Tor:** 1:0 A. Kennedy (82.)

1981/82 26. Mai 1982 in Rotterdam — Aston Villa – Bayern München 1:0 (0:0)

Aston Villa: Rimmer (10. Spink), Swain, McNaught, Evans, Williams, Mortimer, Bremner, Cowans, Shaw, White, Morley. **München:** Müller, Dremmler, Weiner, Horsmann, Augenthaler, Kraus (78. Niedermayer), Dürnberger, Breitner, Mathy (52. Güttler), D. Hoeneß, K.-H. Rummenigge. **Schiedsrichter:** Konrath (Frankreich); **Zuschauer:** 50 000; **Tor:** 1:0 White (66.)

1982/83 25. Mai 1983 in Athen — Hamburger SV – Juventus Turin 1:0 (1:0)

Hamburg: Stein, Hieronymus, Kaltz, Jakobs, Wehmeyer, Rolff, Groh, Magath, Milewski, Hrubesch, Bastrup (56. von Heesen). **Turin:** Zoff, Scirea, Gentile, Brio, Cabrini, Bonini, Tardelli, Platini, Boniek, Rossi (57. Marocchino), Bettega. **Schiedsrichter:** Rainea (Rumänien); **Zuschauer:** 73 500; **Tor:** 1:0 Magath (8.)

1983/84 30. Mai 1984 in Rom — FC Liverpool – AS Rom 1:1 (1:1, 1:1) n.V., Elfmeterschießen: 4:2

Liverpool: Grobbelaar, Hansen, Neal, Lawrenson, Kennedy, Whelan, Johnston (71. Nicol), Lee, Souness, Dalglish (95. Roberts), Rush. **Rom:** Tancredi, Righetti, Nappi, Bonetti, Nela, Falcao, Cerezo (116. Strukely), di Bartholomei, Conti, Pruzzo (63. Chierico), Graziani. **Schiedsrichter:** Fredriksson (Schweden); **Zuschauer:** 70 000; **Tore:** 1:0 Neal (14.), 1:1 Pruzzo (43.); **Elfmeterschießen:** Nicol - verschossen, di Bartholomei 0:1; Neal 1:1, Conti - verschossen; Souness 2:1, Righetti 2:2; Rush 3:2, Graziani - verschossen; Kennedy 4:2

1984/85 29. Mai 1985 in Brüssel — Juventus Turin – FC Liverpool 1:0 (0:0)

Turin: Tacconi, Favera, Scirea, Brio, Cabrini, Bonini, Platini, Tardelli, Boniek, Rossi (89. Vignola), Briaschi (85. Prandelli). **Liverpool:** Grobbelaar, Neal, Lawrenson (4. Gillespie), Hansen, Beglin, Nicol, Whelan, Wark, Dalglish, Walsh (46. Johnston), Rush. **Schiedsrichter:** Daina (Schweiz); **Zuschauer:** 60 000; **Tor:** 1:0 Platini (58., Foulstrafstoß)

1985/86 7. Mai 1986 in Sevilla — Steaua Bukarest – FC Barcelona 0:0 n.V., Elfmeterschießen: 2:0

Bukarest: Ducadam, Iovan, Belodedici, Bumbescu, Barbulesco, Balan (72. Iordanescu), Majearu, Bölöni, Balint, Lacatus, Piturca (112. Radu). **Barcelona:** Urruti, Gerardo, Alesanco, Migueli, Julio Alberto, Victor, Schuster (84. Moratalla), Pedraza, Carrasco, Archibald (111. Alonso), Marcos. **Schiedsrichter:** Vautrot (Frankreich); **Zuschauer:** 62 000; **Elfmeterschießen:** Majearu - gehalten, Alesanco - gehalten; Bölöni - gehalten, Pedraza - gehalten; Lacatus 1:0, Alonso - gehalten; Balint 2:0, Marcos - gehalten

1986/87 27. Mai 1987 in Wien — FC Porto – Bayern München 2:1 (0:1)

Porto: Mlynarczyk, Joao Pinto, Eduardo Luis, Inacio (65. Frasco), Celso, Madjer, Magelhaes, Sousa, Andre, Quim (46. Juary), Futre. **München:** Pfaff, Nachtweih, Winklhofer, Eder, Pflügler, Brehme, Flick (82. Lunde), Matthäus, M. Rummenigge, D. Hoeneß, Kögl. **Schiedsrichter:** Ponnet (Belgien); **Zuschauer:** 60 000; **Tore:** 0:1 Kögl (25.), 1:1 Madjer (77.), 2:1 Juary (80.)

1987/88 25. Mai 1988 in Stuttgart — PSV Eindhoven – Benfica Lissabon 0:0 n.V., Elfmeterschießen: 6:5

Eindhoven: van Breukelen, R. Koeman, Gerets, Nielsen, Heintze, van Aerle, Vanenburg, Lerby, Linskens, Gillhaus (107. Jansson), Kieft. **Lissabon:** Silvino, Veloso, Dito, Mozer, Alvaro, Chiquinho, Elzo, Sheu, Pacheco, Magnusson (112. Hajry), Rui Aguas (57. Wando). **Schiedsrichter:** Agnolin (Italien); **Zuschauer:** 70 000; **Elfmeterschießen:** R. Koeman 1:0, Elzo 1:1; Kieft 2:1, Dito 2:2; Nielsen 3:2, Hajry 3:3; Vanenburg 4:3, Pacheco 4:4; Lerby 5:4, Mozer 5:5; Jansson 6:5, Veloso - gehalten

1988/89 24. Mai 1989 in Barcelona — AC Mailand – Steaua Bukarest 4:0 (3:0)

Mailand: G. Galli, F. Baresi, Tassotti, Costacurta (71. F. Galli), Maldini, Colombo, Rijkaard, Donadoni, Ancelotti, van Basten, Gullit (60. Virdis). **Bukarest:** Lung, Petrescu, Bumbescu, Iovan, Ungureanu, Rotariu (46. Balint), Stoica, Hagi, Minea, Lacatus, Piturca. **Schiedsrichter:** Tritschler (BRD); **Zuschauer:** 97 000; **Tore:** 1:0 Gullit (18.), 2:0 van Basten (28.), 3:0 Gullit (39.), 4:0 van Basten (47.)

1989/90 23. Mai 1990 in Wien — AC Mailand – Benfica Lissabon 1:0 (0:0)

Mailand: G. Galli, Tassotti, Costacurta, F. Baresi, Maldini, Colombo (89. F. Galli), Rijkaard, Ancelotti (72. Massaro), Evani, Gullit, van Basten. **Lissabon:** Silvino, Jose Carlos, Aldair, Ricardo, Samuel, Vitor Paneira (76. Vato), Valdo, Thern,

Hernani, Magnusson, Pacheco (66. Brito). **Schiedsrichter:** Kohl (Österreich); **Zuschauer:** 57 500; **Tor:** 1:0 Rijkaard (68.)

1990/91 29. Mai 1991 in Bari — Roter Stern Belgrad – Olympique Marseille 0:0 n.V. Elfmeterschießen: 5:3

Belgrad: Stojanovic, Belodedici, Marovic, Najdovski, Sabanadzovic, Savicevic (84. Stosic), Jugovic, Prosinecki, Mihajlovic, Binic, Pancev. **Marseille:** Olmeta, Mozer, Amoros, Boli, Di Meco (112. Stojkovic), Fournier (76. Vercruysse), Waddle, Casoni, Germain, Papin, Pele. **Schiedsrichter:** Lanese (Italien); **Zuschauer:** 51 000; **Elfmeterschießen:** Prosinecki 1:0, Amoros - gehalten; Binic 2:0, Casoni 2:1; Belodedici 3:1, Papin 3:2; Mihajlovic 4:2, Mozer 4:3; Pancev 5:3

1991/92 20. Mai 1992 in London — FC Barcelona – Sampdoria Genua 1:0 (0:0) n.V.

Barcelona: Zubizarreta, Koeman, Ferrer, Nando, Eusebio, Guardiola, Juan Carlos, Ludrup, Bakero, Salinas (66. Goicoechea), Stoitschkow. **Genua:** Pagliuca, Lanna, Mannini, Vierchowod, Lombardo, Pari, Katanec, Cerezo, I. Bonetti (74. Invernizzi), Mancini, Vialli (102. Buso). **Schiedsrichter:** Schmidhuber (Deutschland); **Zuschauer:** 75 000; **Tor:** 1:0 Koeman (110.)

1992/93 26. Mai 1993 in München — Olympique Marseille – AC Mailand 1:0 (1:0)

Marseille: Barthez, Angloma (64. Durand), Boli, Desailly, Pele, Eydelie, Sauzee, Deschamps, Di Meco, Boksic, Völler (78. Thomas). **Mailand:** Rossi, Tassotti, Costacurta, F. Baresi, Maldini, Donadoni (56. Papin), Albertini, Rijkaard, Lentini, van Basten (Eranio), Massaro. **Schiedsrichter:** Röthlisberger (Schweiz); **Zuschauer:** 64 400; **Tor:** 1:0 Boli (43.)

1993/94 18. Mai 1994 in Athen — AC Mailand – FC Barcelona 4:0 (2:0)

Mailand: Rossi, Tassotti, Maldini (84. Nava), Galli, Panucci, Boban, Desailly, Albertini, Donadoni, Massaro, Savicevic. **Barcelona:** Zubizarreta, Koeman, Ferrer, Nadal, Sergi (73. Estebaranz), Amor, Guardiola, Bakero, Stoitschkow, Romario, Beguiristain (51. Eusebio). **Schiedsrichter:** Don (England); **Zuschauer:** 65 000; **Tore:** 1:0, 2:0 Massaro (22., 45.), 3:0 Savicevic (48.), 4:0 Desailly (59.)

1994/95 24. Mai 1995 in Wien — Ajax Amsterdam – AC Mailand 1:0 (0:0)

Amsterdam: Van der Sar, Reizinger, Blind, F. de Boer, Rijkaard, Seedorf (53. Kanu), Davids, Litmanen (70. Kluivert), Finidi George, R. de Boer, Overmars. **Mailand:** Rossi, Panucci, Costacurta, Baresi, Maldini, Desailly, Donadoni, Albertini, Boban (86. Lentini), Massaro (90. Eranio), Simone. **Schiedsrichter:** Cracuinescu (Rumänien); **Zuschauer:** 49 730; **Tor:** 1:0 Kluivert (84.)

1995/96 22. Mai 1996 in Rom — Juventus Turin – Ajax Amsterdam 1:1 (1:1, 1:1) n.V./4:2 i.E.

Turin: Peruzzi, Torricelli, Ferrara, Vierchowod, Pessotto, Deschamps, Sousa (56. Di Livio), Conte (44. Jugovic), Vialli, Ravanelli (77. Padovano), Del Piero. **Amsterdam:** Van der Sar, Silooy, Blind, F. de Boer (68. Scholten), Bogarde, R. de

Boer (91. Wooter), Litmanen, Davids, Finidi George, Kanu, Musampa (46. Kluivert). Schiedsrichter: Diaz Vega (Spanien); **Zuschauer:** 67 000; **Tore:** 1:0 Ravanelli (13.), 1:1 Litmanen (41.); **Elfmeterschießen:** Davids gehalten, 1:0 Ferrara; 1:1 Litmanen, 2:1 Pessotto; 2:2 Scholten, 3:2 Padovano; Silooy gehalten, 4:2 Jugovic

1996/97 28. Mai 1997 in München Borussia Dortmund – Juventus Turin 3:1 (2:0)

Dortmund: Klos, Sammer, Kohler, Kree, Reuter, Lambert, Sousa, Heinrich, Möller (89. Zorc), Riedle (67. Herrlich), Chapuisat (70. Ricken). **Turin:** Peruzzi, Porrini (46. Del Piero), Ferrara, Montero, Juliano, Di Livio, Deschamps, Jugovic, Zidane, Boksic (88. Tacchinardi), Vieri (73. Amoruso). **Schiedsrichter:** Puhl (Ungarn); **Zuschauer:** 59 000; **Tore:** 1:0, 2:0 Riedle (29., 34.), 2:1 Del Piero (64.), 3:1 Ricken (71.)

1997/98 20. Mai 1998 in Amsterdam Real Madrid – Juventus Turin 1:0 (0:0)

Madrid: Illgner, Panucci, Hierro, Sanchis, Roberto Carlos, Karembeu, Redondo, Seedorf, Raul (90. Amavisca), Mijatovic (89. Suker), Morientes (82. Jaime). **Turin:** Peruzzi, Torricelli, Montero, Iuliano, Di Livio (46. Tacchinardi), Deschamps (78. Conte), Davids, Pessotto (71. Fonseca), Zidane, Del Piero, Inzaghi. **Schiedsrichter:** Krug (Deutschland); **Zuschauer:** 45 700; **Tor:** 1:0 Mijatovic (67.).

1998/99 26. Mai 1999 in Barcelona Manchester United – B. München 2:1 (0:1)

Manchester: Schmeichel, G. Neville, Johnsen, Stam, Irwin, Giggs, Beckham, Butt, Blomqvist (67. Sheringham), Yorke, Cole (81. Solskjaer). **München:** Kahn, Matthäus (80. Fink), Linke, Kuffour, Babbel, Jeremies, Effenberg, Tarnat, Basler (89. Salihamidzic), Jancker, Zickler (71. Scholl). **Schiedsrichter:** Collina (Italien); **Zuschauer:** 90 000; **Tore:** 0:1 Basler (6.), 1:1 Sheringham (90.), 2:1 Solskjaer (90.).

1999/00 24. Mai 2000 in Paris Real Madrid – FC Valencia 3:0 (1:0)

Madrid: Casillas, Ivan Campo, Helguera, Karanka, Salgado (85. Hierro), McManaman, Redondo, Roberto Carlos, Raul, Morientes (72. Savio), Anelka. **Valencia:** Canizares, Angloma, Djukic, Pellegrino, Gerardo (69. Ilie), Mendieta, Farinos, Gerard, Kily Gonzales, Angulo, Claudio Lopez. **Schiedsrichter:** Braschi (Italien); **Zuschauer:** 73 000; **Tore:** 1:0 Morientes (39.), 2:0 McManaman (67.), 3:0 Raul (75.).

2000/01 26.05.2001 in Mailand Bayern München – FC Valencia 1:1 (1:1, 0:1) n.V./5:4 i.E

München: Kahn, Kuffour, Andersson, Linke, Sagnol (46. Jancker), Effenberg, Hargreaves, Lizarazu, Salihamidzic, Elber (100. Zickler), Scholl (108. Sergio). **Valencia:** Canizares, Angloma, Ayala (90. Djukic), Pellegrino, Carboni, Mendieta, Baraja, Gonzalez, Aimar (46. Albelda), Carew, Sanchez (66. Zahovic).**Schiedsrichter:** Jol (Niederlande); **Zuschauer:** 74 000; **Tore:** 0:1 Mendieta (3., Handelfmeter), 1:1 Effenberg (50., Handelfmeter); **Elfmeterschießen:** 0:1 Mendieta, 1:1 Salihamidzic, 1:2 Carew, 2:2 Zickler, 3:2 Effenberg, 3:3 Baraja, 4:3 Lizarazu, 4:4 Kily Gonzalez, 5:4 Linke

Register